U0722137

南京城市文脉

进香河路

卢海鸣 著

南京出版传媒集团
南京出版社

图书在版编目（CIP）数据

进香河路 / 卢海鸣著. -- 南京：南京出版社，
2025. 4. --（南京城市文脉丛书）. -- ISBN 978-7
-5533-5018-9

Ⅰ. K295.31

中国国家版本馆CIP数据核字第2024X3G178号

丛 书 名	南京城市文脉	
书　　名	进香河路	
著　　者	卢海鸣	
出版发行	南京出版传媒集团	
	南 京 出 版 社	
社　　址	南京市玄武区太平门街53号	
邮　　编	210016	
联系电话	025-83283873、83283864（营销）　 025-83112257（编务）	
策划统筹	卢海鸣　徐　智	
责任编辑	徐　智	
装帧设计	赵海玥	
责任印制	杨福彬	
排　　版	南京新华丰制版有限公司	
印　　刷	南京凯德印刷有限公司	
开　　本	787毫米×1092毫米　1/32	
印　　张	4.5	
字　　数	66千	
版　　次	2025年4月第1版	
印　　次	2025年4月第1次印刷	
书　　号	ISBN 978-7-5533-5018-9	
定　　价	28.00元	

总　序

　　南京自然环境优越，文明起源古老，历史积淀深厚，文化遗产众多，作为我国第一批历史文化名城和闻名中外的世界文化之都，享有"六朝古都""十朝都会"的美誉。古往今来，历史与文化的潮起潮落，不断拍打着这座古老的城市。六朝艺术的绝代风华，南唐文艺的尤重文雅，明清文化的宏大气象，民国小说的转型发展，南京的城市文脉犹如一幕幕接续上演的大戏，其渊源之绵长、成就之突出、风格之多元，令人目不暇接。从昔日的"天下文枢"到今天的"文学之都"，南京的文脉仍在延续，以一种深沉而持久的力量滋养着城市的发展。

　　南京的城市文脉如同一部厚重的史书，记录着所在地域乃至中华文明的发展变迁和兴衰荣辱。在南京这座城市里，每一块砖石都镌刻着历史的沧桑，每一座建筑都诉说着过往的故事，每一条道路、街巷都承载着文化的记忆。正如朱自清先生所说："逛南京像逛古董铺子，到处都有些时代侵蚀的遗痕。"乌衣巷里的王谢两大家族，对中国的书画艺术产生过深远影响；龙蟠里内氤氲的浓浓书香，折射出明清时期南京文人墨客的无尽风流；成贤街上林立的文教机构，奏响了一曲曲不辍弦歌，培育出一代代国之栋梁；下关大马路边热闹繁忙的口岸码头和中西交融的各类建筑，催生了近代南京城市转型期的文化意象。斜阳草树，寻常巷陌。千百年来，一条条道路、街巷在构成南京城市空间和肌理的同时，也总是在不经意间见证着城市文脉的发展演变，犹如一座座舞台，共同奉献出让人们眼花缭乱、叹为观止的大戏。

在现代化快速发展的今天，如何在城市更新过程中保护好城市文脉，让道路、街巷沿线的文化遗产焕发新的生机，成为当前的热点和现实问题。为了深入挖掘南京城市文脉的表现形式和丰富内涵，探索传统文化与现代文明融合发展的新路径，让南京在新时代焕发出更加绚丽的光彩，我们推出了这套"南京城市文脉"丛书。丛书每册聚焦一条道路或街巷，以大众普及的方式，图文并茂地讲述其沿革过程、掌故传说、名人轶事、机构建筑等，从历史、文化、艺术、社会价值等方面，充分展现多样的城市文脉，推动城市文化遗产的保护利用。同时，期望这套体量不大的"口袋书"，能够为广大读者寻访街巷、发现南京提供便利，探索更多有趣的文脉话题。

目 录

前　言

南京山水城林俱备，文化底蕴深厚，人文气息浓郁。一条条通衢大道或寻常巷陌，既是百姓日常出行和生活的场所，同时又承载着南京独特的文化基因。1934年8月，朱自清在散文《南京》中写道："逛南京象逛古董铺子，到处都有些时代侵蚀的遗痕。你可以摩挲，可以凭吊，可以悠然遐想；想到六朝的兴废，王谢的风流，秦淮的艳迹。"

在南京的道路中，进香河路是一条与众不同的路。它位于鸡笼山南，南北向，千百年来，经历了沧海桑田的巨大变化。

进香河路的前身进香河及其之前的运渎，曾是南京市区的一条重要河流。它与鸡笼山（北极阁）唇齿相依，构成了南京历史上独特的地理符号、经济符号、交通符号和文化符号，频频出现在《建康实录》《景定建康志》《儒林外史》等各类文化典籍里，出现在《金陵古今图考》《洪武京城图志》《江宁府城图》等中外人士绘制的地图上和寻常百姓的口碑中，它在南京的城市发展中烙下了深深的印记。

原来的进香河不仅与珍珠河、杨吴城濠形成一个相互贯通的水网，而且还具有汇聚鸡笼山地表之水、排涝泄洪的功用。然而自从1958年进香河变为暗沟，改造成进香河路以来，其功能发生了巨大的变化。六十余年来，进香河路作为南京市的次干道，发挥了应有的作用，但是，也在无形之中破坏了城市肌理，损害了城市环境，造成了每逢暴雨，进香河路及周边街道变成水乡泽国的状况。

本书试图通过对进香河路历史变迁的全过程考察，挖掘发生在进香河路一带的故事。同时，希望通过对进香河路由河流变为道路利弊的客观评述，为南京市委、市政府和有关部门进行城市更新提供借鉴和参考。

近年来，"强富美高"新南京的建设如火如荼，"环境美"是其中重要的一环。所谓"环境美"，就是要遵循尊重自然、顺应自然、天人合一的城市建设理念，在建设过程中注意保留城市原有的自然风光，打造优美生态环境，构建蓝绿交织、清新明亮、水城共融的生态城市，构建现代文明与古都文化交融的绿色智慧城市。唯有如此，才能保护好城市的自然肌理，留得住乡愁，实现人与自然和谐发展。进香河路的变迁堪称一面镜子。

本书是2017年南京市宣传思想文化重点调研课题《关于进香河历史文化的研究报告》的副产品。承蒙时任玄武区区长穆耕林先生信任，邀请笔者担任课题组负责人，课题组成员有朱明娥（文博专家、研究员）、徐智（历史地理专家）、邓攀（地方史专家）、濮小南（地方文献和地名专家），谨向他们一并致以谢忱。

上篇

进香河路历史

进香河路是一条南北向的道路，北起北京东路，南至珠江路。其前身是明朝的进香河，再前溯是六朝的运渎北段。

进香河路长度说法不一。据今天的百度地图测量，其长度为920米。而《南京市政建设志》（南京市地方志编纂委员会编，海天出版社1994年版）记载其长度前后有两个数据，一是934米，一是908米。

据《南京市政建设志》第一章《城市道路·进香河路》记载，1958年进香河路建成后，其基本状况是：

北起北京东路，南至珠江路，全长934米，现中间绿岛宽10米，两侧车行道各宽6—7.9米，两侧人行道各宽2.8—5米。为市内仅有的二块板型道路。路面结构为15厘米二片基层，10厘米泥结碎石路面及沥青表面处治层，后因逐年用沥青罩面维修，形成8—10厘米

进香河路卫星图

沥青混合料层。

　　进香河是内秦淮河北段一支流，是古代乘船去鸡鸣寺进香的河道，故名进香河。河面宽25米左右，除雨季外平时河中仅有生活污水流动，臭气四溢，严重影响沿岸环境卫生。1958年秋，将进香河改为暗渠，上植花木作为绿化带，同年冬筑路，形成南京市内的独特街景。

　　1992年，为拓宽车行道，对进香河路进行路面改造，将中间绿化带由宽10米缩减为宽5米，两侧车行道拓宽至各8.5米，人行道各5米。据《南京市政建设志》后面的《补记》记载，1992年改建后的情况如下：

道路名称	起讫地点	道路长度	路幅	横断面	车行道（快车道）	慢车道	人行道	绿化带	开工日期	竣工日期	备注
进香河路	珠江路—北京东路	908米	32米	二块	8.5—8.7米		5米	5米（中间）	1992年	1992年	拓宽车行道

　　如今的进香河路为南京市的次要干道，与北京东路、石婆婆巷、大石桥、四牌楼、卫巷、老虎桥、居安里、严家桥、珠江路等道路组成市政路网，连接和集散城市主次干道和街巷的交通。沿线有全国重点文物保护单位1处（国立中央大学旧址），南京市重点文物保护单位2处（南京高等师范学校附属小学旧址、卫巷15号民国建筑）等。

六朝运渎北段

公元229年，吴大帝孙权定都建业（今南京），建业一跃而成为南方地区的政治、经济、文化中心。在兴建建业城的过程中，改造和利用水道的工作随即拉开序幕。

孙权（唐朝阎立本《历代帝王图》）

在南京历史上，六朝与南唐、明朝初年并列为南京河道水系影响最大的三个时期。六朝对建康城内外水道的利用和改造包括三方面：一是充分利用天然河道长江和秦淮河；二是大力改造天然河道青溪；三是开凿人工河道运渎、潮沟、城北渠，以及沟通建业与三吴（指苏州、湖州和绍兴）之间的水上交通命脉破

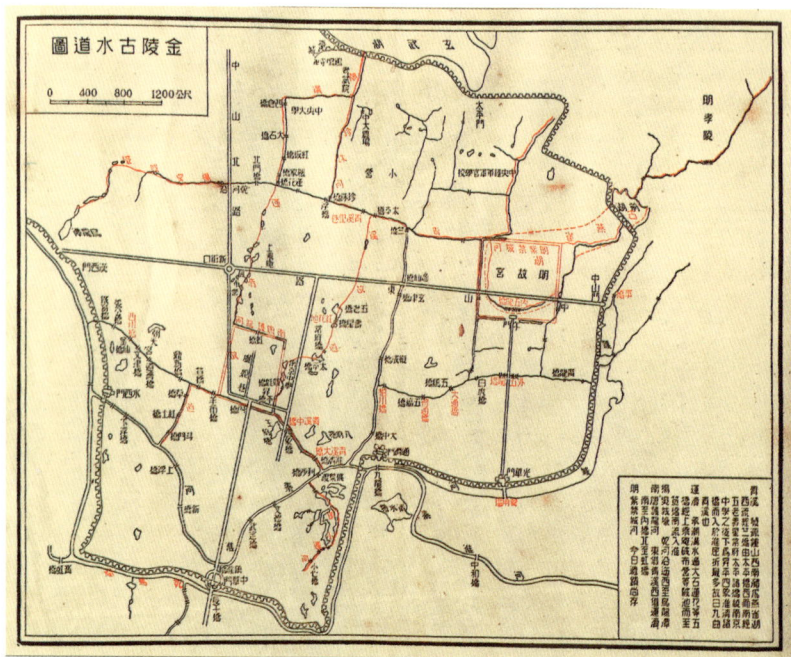

金陵古水道图（朱偰《南京的名胜古迹》，江苏人民出版社1955年版）

岗渎，形成相互连通的水上交通网。这些天然河道和人工河道在交通运输、军事防御以及农田灌溉等方面都发挥了积极的作用（卢海鸣《六朝都城》，南京出版社2002年版）。

这里专讲进香河路的源头——运渎。

运渎，顾名思义，是运输物资的水上通道。它是吴大帝孙权定都南京后开挖的第一条人工河道。运渎位于建康都城西垣外，北接潮沟西支，南连秦淮河，是向宫中仓城运输物资的重要通道。

据唐朝许嵩《建康实录》卷2记载：吴赤乌三年（240），"十二月，使左台侍御史郗俭监凿城西南，自秦淮北抵仓城，名运渎"。同书注云："案，建康宫城，即吴苑城，城内有仓，名曰苑仓，故开此渎，通转运于仓所，时人亦呼为仓城。"

运渎由左台侍御史郗俭主持开凿，据史料记载，其上建有数座桥梁。由北向南第一座桥是孝义桥，本名鼙子桥；第二座是杨烈桥，刘宋王僧达观看斗鸡鸭处；第三座是西州桥，靠近唐代县衙东南角；第四座是高晔桥；第五座是运渎临秦淮河处的新桥，本名万岁桥，即后来的斗门桥。

《孙吴都建业图》中的运渎与仓城（明朝陈沂《金陵古今图考》）

运渎故道的位置，据南宋周应合《景定建康志》卷19《山川志三·河港》记载："运渎，在上元县西北一里半。……其水东行，过小新桥而南，经斗门桥流入秦淮；又东北过西虹桥，循宋行宫城西迤逦向北，乃其故道。"《万历应天府志》卷15《山川志》记载："运渎，吴凿，引秦淮抵仓城，以通运道，今自斗门桥南，引秦淮北流至北乾道桥，遂东经太平、景定至内桥，与青溪合，北经鼎新、崇道桥，又西连武卫桥，从铁窗棂出城。"《康熙江宁府志》（于成龙本）卷8《山川下》记载："运渎，吴凿。引秦淮抵仓城，以通运道。今自斗门桥南引秦淮北流至北乾道桥，东经太平、景定至内桥，与青溪合，北经鼎新、崇道桥，又西连武卫桥，从铁窗棂出城。"清朝顾祖禹《读史方舆纪要》卷20《江南二·江宁县》记载："运渎在上元县治西北。三国吴赤乌八年，发屯兵三万，凿句容中道至云阳西城，以通吴会船舰，号破冈渎。又使郗俭凿城西南，自秦淮北抵仓城，以达吴越运船，盖引破冈渎经方山埭接于秦淮，以避大江之险。又自秦淮而东北达于苑仓也。《金陵事实》：运渎引江水而成，在故台城西南，旧有六桥跨其上。五代以来，久已埋塞。今三山门内斗门桥以北，近旧内城，东合青溪，又北折而西，从铁窗棂出城者，是其故迹也。吕氏志曰：古都城去秦淮既远，其漕运必资舟楫，而濠堑亦须灌注，故孙吴开运渎，凿潮沟，穿青溪，皆引水入城中，经城北堑而入后湖也。自杨氏依淮为城，城之东堑，皆通淮水，西南滨江以为险，春夏积雨，淮水泛溢，城市往往被其害，至冬水涸，濠内往往干浅。议者谓宜于秦淮上下置闸，遇淮水暴

涨，则闭上流，令水自城外输泻入濠，以杀水势，冬
间浅涸，即闭下流，蓄以养濠堑，又城北地势高峻，
濠水不过数尺，若据吴之旧，开潮沟以东引江水，开
青溪以西引秦淮，萦绕城之北面，入于后湖，则城北
濠堑，自然通快矣。"

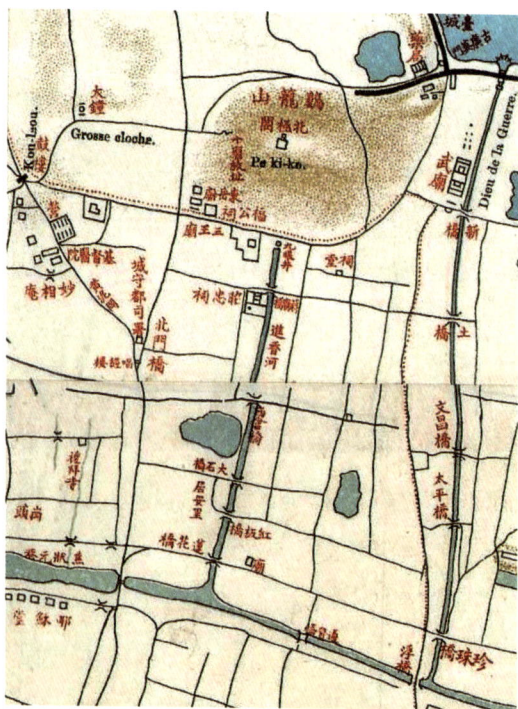

运渎北段（进香河）在清末的状况
（1898年《江宁府城图》，法国传教士盖拉蒂绘制）

朱偰《金陵古迹图考》第四章《六朝城郭宫阙遗址》根据历代地方志文献记载推断："吴所凿运渎，盖发源后湖，由北水关入城，循北极阁前水道（今犹有遗迹可寻）绕今中央大学之西，过大石、莲花等五桥，径廊后街、相府营、香铺营、破布营、金銮巷（今日犹有遗迹）等陂池而至笪桥，西流出城，南流入淮。" 郭黎安《试论六朝时期的建业》（收入中国古都学会编《中国古都研究》，浙江人民出版社1985年版）一文认为："我们可以推定运渎所经的大致路线是由今进香河路向南至莲花桥，然后向西傍中山路东、中山南路至内桥，再西折沿中秦淮至笪桥，经光华路注入秦淮河。"

笔者认为，运渎故道应该是由进香河路向南，经莲花桥、香铺营至内桥，折向西南，经笪桥向西南，经红土桥、仙鹤桥，注入秦淮河。

根据20世纪末21世纪初南京城考古发掘成果，笔者可以推定今进香河路一带正位于六朝都城的西北角城垣之外，属于六朝运渎北段。再从清末和民国的老地图上看，进香河路往南的延伸线上，从估衣廊到丰富路一线池塘连绵密布，当是运渎在六朝都城西垣内外的遗留；在今长江路两侧，这些池沼又向东延伸，很可能是运渎自都城外转向流入台城太仓的遗迹。

由于运渎之水来源于秦淮河，而建业城地势北高南低，运渎通向仓城之水常常难以为继，直接影响到

进香河（20世纪30年代罗香林摄）

仓城的粮食供应，所以，孙权在开凿运渎后，接着又开凿潮沟和青溪，以确保运渎之水长流不衰。运渎自孙吴开凿通航以后，历经西晋、东晋和南朝宋、齐、梁、陈将近360年的朝代更迭，其水流不断，一直是六朝都城的重要通航河道和经济补给生命线。

公元589年，隋灭陈，为了铲除"金陵王气"，防止六朝政权复活，隋文帝下令对六朝都城建康（今南京）实施"平荡耕垦"，昔日繁华的都城变为农田，运渎也随之失去往日的地位和作用。宋代朱存有感于运渎的兴衰沉浮，赋诗写道：

舳舻衔尾日无虚，更凿都城引漕渠。

何事馁来贪雀谷，不知留得几年储。

隋唐宋元时期的运渎北段

六朝时期是运渎的高光时刻。随着公元589年隋朝灭陈统一中国，南京的政治地位一落千丈，由昔日的六朝都城，沦为一座地方性的城市，进入历史上的低谷期。建康城被夷为农田后，往日繁华的六朝都城变

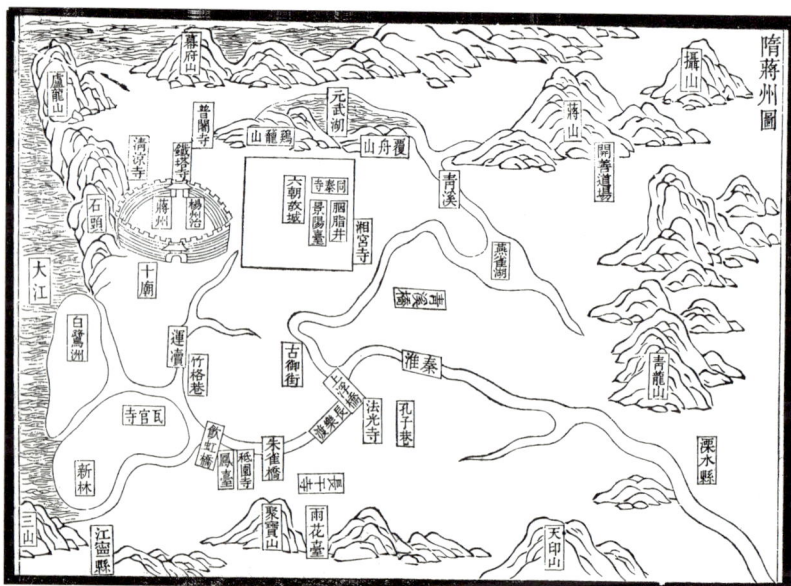

隋蒋州图（明朝陈沂《金陵古今图考》）

得荒芜萧条,李白《登金陵凤凰台》诗中"吴宫花草埋幽径,晋代衣冠成古丘"就是这一时期南京状况生动形象的写照。运渎北段水道因失去运输功能而逐渐淤塞。

618年唐朝取代隋朝后,沿袭隋代贬抑南京的国策,南京甚至一度成为镇江管辖的一座不折不扣的普通城市。初唐诗人王勃游历南京,在《江宁吴少府宅饯宴序》中写道:"昔日地险,尝为建业之雄都;今

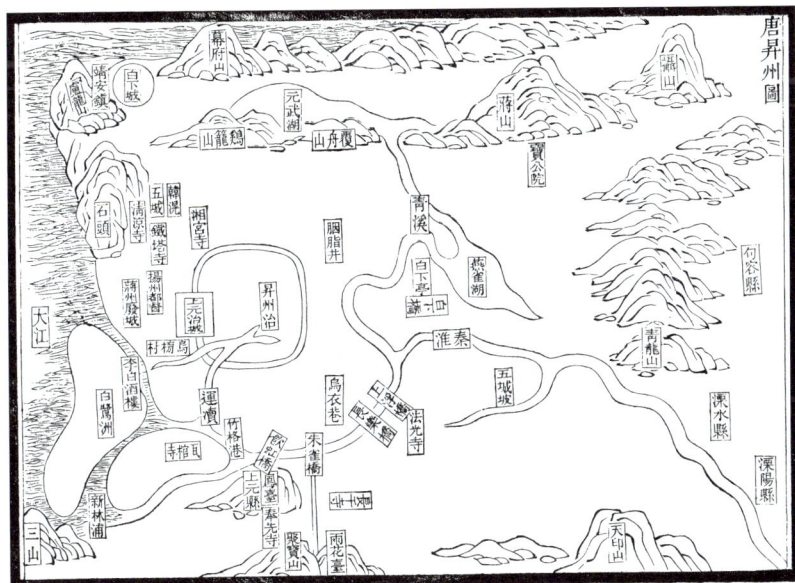

唐昇州图(明朝陈沂《金陵古今图考》)

日太平，即是江宁之小邑。"此时的运渎，只有南段
水道保持通航。

五代十国时期，中国又一次进入分裂动乱的时
代。这一时期，南京先后成为杨吴政权的西都和南唐
的国都，沉寂三百多年的南京再次崭露头角。自杨吴
时期开始，到937年南唐政权建立，权臣徐温令养子徐
知诰（即后来的南唐先主李昪）对南京的城墙和护城
河进行了重新的规划建设，杨吴南唐都城整体南移，

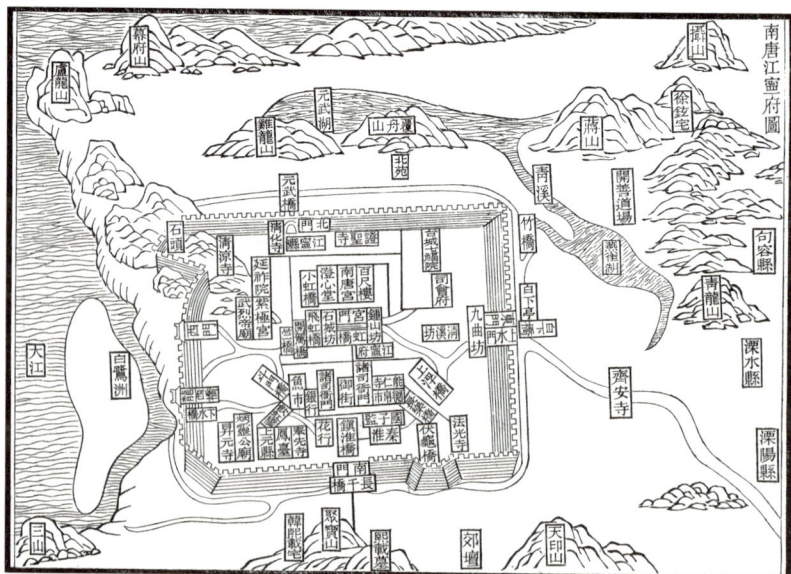

南唐江宁府图（明朝陈沂《金陵古今图考》）

原先作为六朝都城天然防御屏障和交通运输要道的秦淮河下游变成南京的内河，号称"十里秦淮"。运渎北段和中段处于湮塞状态，其南段东与南唐宫城护龙河相连，南与秦淮河相通。

976年1月1日，北宋军队进入南京城，南唐灭亡。直到1368年明朝建立，宋元将近四百年间，南京先后是北宋江宁府城、昇国，南宋建康府城、行都、陪都和留都，以及元朝建康路、集庆路治所所在地，享有

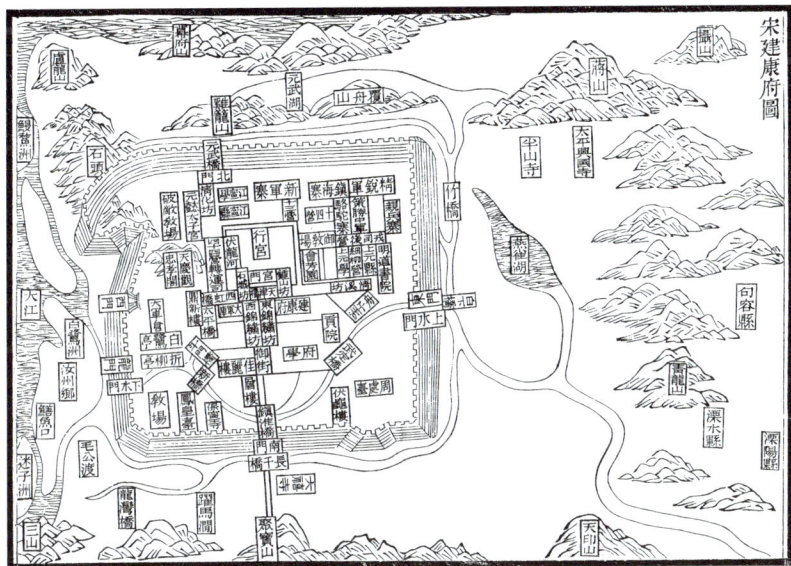

宋建康府图（明朝陈沂《金陵古今图考》）

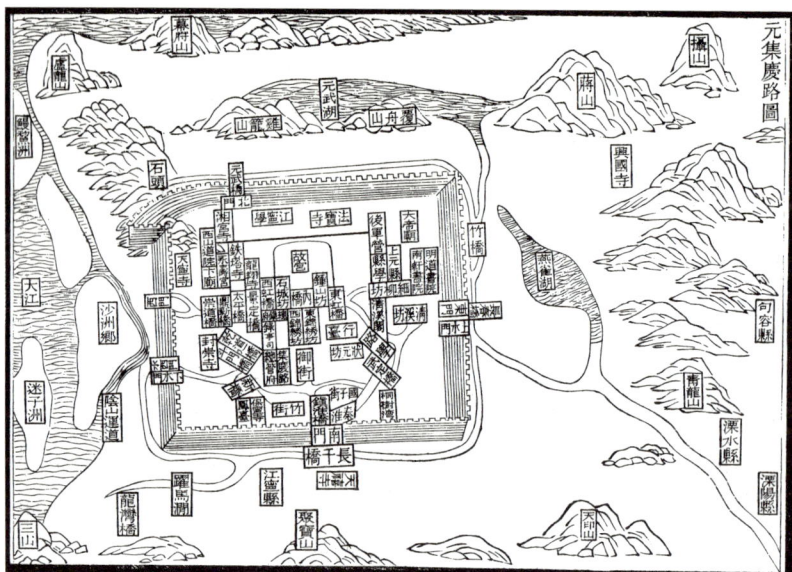

元集庆路图（明朝陈沂《金陵古今图考》）

"江南第一州""江南巨镇"之美誉。南京的政治、经济、军事和文化地位逐步上升，城市人口也不断增加。为了解决粮食问题，北宋王安石担任江宁知府期间，曾经"泄湖造田"，将玄武湖变为农田，由此造成宋代南京城经常雨水泛滥。元朝时期，重新恢复玄武湖，尽管规模远不如从前，但从根本上改变了南京城长期旱涝频作现象。这一时期的运渎北段，仍处于"沉睡"之中，它在静静地等待一个新王朝的来临。

明朝进香河

元顺帝至正二十六年（1366），农民起义军领袖朱元璋攻占江南重镇集庆（今南京）。他采纳高级幕僚、大学者朱升提出的"高筑墙，广积粮，缓称王"建议，开始兴建宫城。与此同时，又开始扩建应天

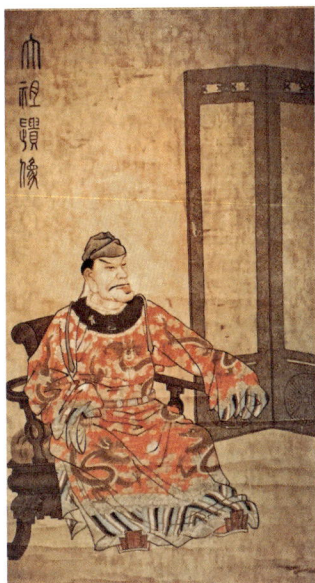

明太祖朱元璋

府城。1368年，朱元璋在应天府称帝，改应天府为南京，年号为洪武，建立大明王朝。这是中国历史上第一个在南方建立的大一统王朝，也是南京历史上第一个大一统王朝。

朱元璋定都南京后，大规模营建宫城、皇城、京城、外郭四重城垣环环相绕的南京城。从1366年兴建，至1393年为止，南京城墙四重城垣才陆续竣工，

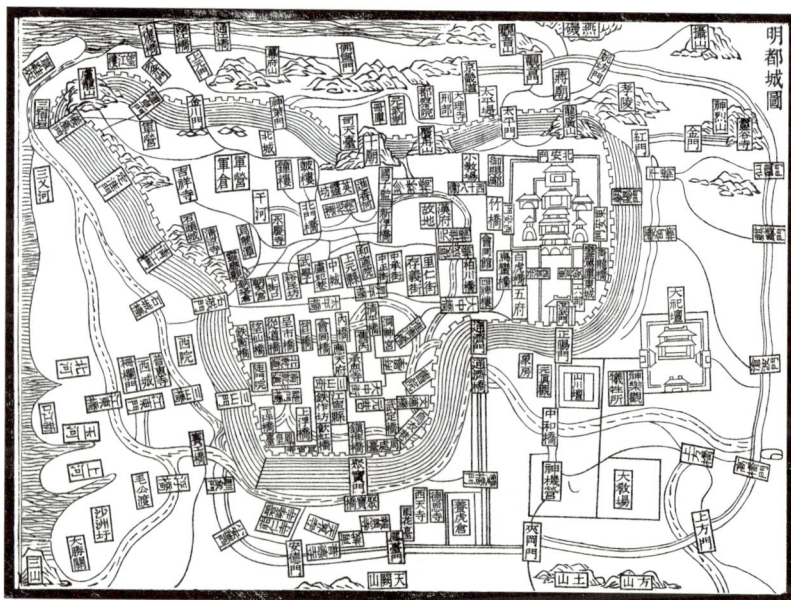

《明都城图》中的进香河与十庙（明朝陈沂《金陵古今图考》）

前后耗时达28年之久。在南京城墙建设过程中，运渎
北段被围入京城之内。

从明朝建立至洪武二十二年（1389），明太祖朱
元璋先后在鸡笼山南建造历代帝王庙、国朝功臣庙、
北极真武庙、都城隍文天祥庙、祠山广惠张渤庙、五
显灵顺庙、汉寿亭侯关羽庙、蒋忠烈子文庙、卞忠贞
壶庙、刘忠肃仁瞻庙、曹武惠王彬庙、卫国忠肃王

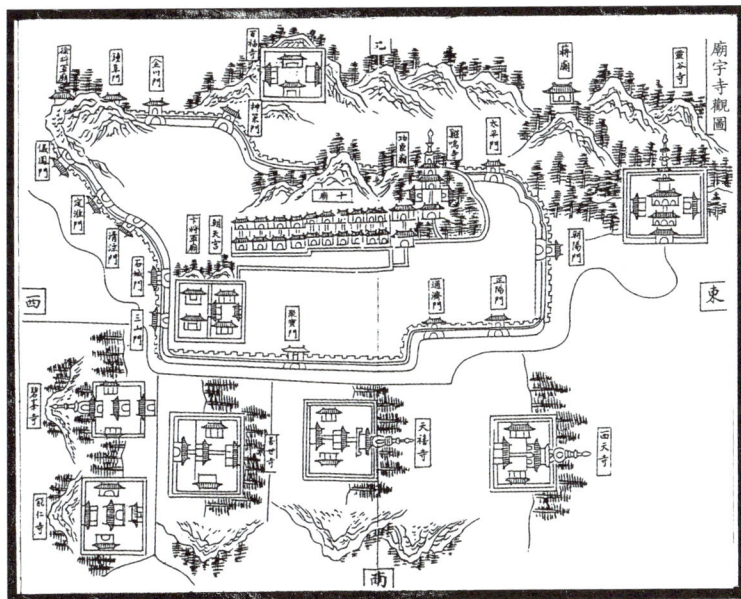

《庙宇寺观图》中的鸡笼山十庙（明朝礼部《洪武京城图志》）

025

福寿庙共十二庙，统称"十庙"。十庙周围以红墙环绕，连绵一里。其中的关羽庙，宋元时期在针工坊（今南京市夫子庙小学分部一带），明朝洪武二十七年（1394）迁建于此，又称关帝庙、关王庙和关公庙，俗称武夫子庙，祭祀三国时期蜀国名将关羽。关羽庙是十庙中香火最为旺盛、最受尊崇的一座庙。

为了便于官员和百姓乘船前往鸡笼山十庙进香，明朝政府重新疏浚运渎北段河道，取名进香河。进香河南与杨吴城濠相通，并连接内秦淮河；北与珍珠河、玄武湖相连。

民国陈迺勋、杜福堃编《新京备乘》卷上《进香河》记载："（进香河）为明初所开，因十庙初成，进香者皆由此航行，故名。源自后湖，铜管穴城而入，由北而西，为浴沂桥。其北即明国子监学（清武庙，今考试院），又西为土桥，稍南为进香桥。"

明代进香河是前往鸡笼山烧香拜佛的主要通道，承载了无数帝王将相、富商巨贾、才子佳人和寻常百姓的梦想之舟。

明朝政府对鸡笼山历代帝王庙及功臣庙等庙宇的祭祀非常重视，派遣大臣或由专司其职的部门定时定规进行祭拜。《明太祖实录》卷83记载，洪武六年（1373）确定，"自是每春正月、秋七月享太庙之日，遣官祭功臣于鸡笼山庙"。明朝周晖《续金陵琐事》上卷记载："历代帝王庙，岁仲春秋，遣祭。庙初成时，太祖临祭。"明末清初顾炎武《建康古今记》卷5记载：历代帝王庙，"每岁春秋致祭"；功臣庙，"每孟月、岁暮，遣勋戚士臣祭"；都城隍庙，"惟每岁八月祭帝王后一日，遣南京太常寺官祭"。

民间对鸡笼山诸庙的祭祀活动，则显现出无比热衷和虔诚。清朝吴敬梓《儒林外史》第41回对此有专门的描述：

满城的人都叫了船，请了大和尚在船上悬挂佛像，铺设经坛。从西水关起一路施食到进香河，十里之内，降真香烧的有如烟雾溟濛，那鼓钹梵呗之声，不绝于耳。到晚，做的极精致的莲花灯，点起来浮在水面上。

从西水关至进香河，众多的游船上僧俗云集，悬挂着佛像，设置经坛，香烟缭绕，鼓乐齐鸣，诵经之声回荡在河面上，构成了明清时期进香河上的一道独特风景。

值得注意的是，明代进香河东为著名的国子监，集中了众多莘莘学子，他们在苦读之暇，泛舟秦淮河和进香河之上实属赏心乐事。《儒林外史》第41回写道：

> 国子监的武书，是四月尽间生辰，他家中穷，请不起客。杜少卿备了一席果碟，沽几斤酒，叫了一只小凉篷船，和武书在河里游游。清早，请了武书来，在河房里吃了饭，开了水门，同下了船。杜少卿道："正字兄，我和你先到淡冷处走走。"叫船家一路荡到进香河，又荡了回来，慢慢吃酒。

明朝后期，进香河因年久失修，一度淤塞。南京右金都御史兼提督操江、南京工部尚书丁宾见状，上奏《题准开浚河道疏》，获得朝廷批准后，进行重新疏浚。据明朝徐必达、施沛等修纂的《南都察院志》卷22《职掌十五》记载："十庙南有进香河一道，直通北门桥秦淮河止。年久淤塞，两岸居民侵占造房，至万历三十四年，奉操江都察院丁踏勘，将侵占房屋尽行折去，用工逐一开挖成河。立有石碑二座严禁，不许居民阻塞。"丁宾，浙江嘉善人，字敬宇，隆庆五年（1571）进士。先任句容知县，后任御史。因得罪内阁首辅张居正而去官，万历十九年（1591）起复故职，迁南京右佥都御史兼提督操江、南京工部尚书，后累官至太子太保。卒谥清惠，有《丁清惠公遗集》8卷传世。

明朝《南京都察院志》中有关进香河及桥梁的记载

清朝民国时期的进香河

　　清代进香河与杨吴城濠、珍珠河连为一体。北边通过珍珠河、武庙闸与玄武湖贯通，南面通过杨吴城濠与秦淮河相连。从清朝末年《测绘金陵城内地名坐向清查荒基全图》中，我们可以看到进香河与杨吴城濠、珍珠河依然是完整的水系。

　　清朝武念祖、陈道恒修，伍光瑜等纂《道光上元县志》卷4记载："府学文曲河，康熙中，知府于襄勤公成龙引后湖之水为之，由府学宫墙之左转入泮池，曲折而西达于进香河以南，会秦淮之水，又西流入于江。邑人勒碑颂之。岁久淤垫，故迹犹存。嘉庆丁丑年，知府余霈元修复之。于是城中四流之水，秦淮运渎而外，得此凡三已。道光四年，各复用义账余项疏浚，水更通达。"

　　清朝莫祥芝、甘绍盘合纂《同治上江两县志》卷4《水》记载："杨吴城壕水，自北门桥东流，折而北，进香河之水入焉。又东流，迳浮桥北，珍珠河之

> 楊吳城濠水自北門橋東流折而北進香河之水入焉又東流逕
> 浮橋北珍珠河之水亦入焉
> 十國春秋吳世家太和四年秋八月徐知誥廣金陵城周圍
> 二十里濠其所濬也北門橋在南唐北門外內爲清化市故
> 曰清化市橋一曰草堂橋　西曰乾河沿道光
> 此又曰武勝橋矣城濠
> 使濬之工人自此止
> 進香河水河明初開源自後湖自北而西爲浴沂橋其北郎
>
> 昔府學今武廟也羣峯環拱幽隱深秀水聲傍宮牆泠泠如
> 奏琴筑至今推爲勝地又西爲土橋南流達進香河矣
> 南曰西倉橋曰北石橋曰紅板橋
> 倉橋至此其數五故又曰蓮花第五橋矣昔者上元諸生周
> 易居此嘗於橋畔夾種桃柳春日花開嬌姸織秀不減明聖
> 湖因自號六橋種花翁濠水又東逕通賢橋北達府學明國
> 子監生出入所由也又東逕浮橋舊紅板橋也明初馬后置
> 倉於此以贍國子監生之妻其橋後易以石俗曰石板橋其

清朝《同治上江两县志》中有关进香河及桥梁的记载

水亦入焉。……濠水又东受进香河水。河，明初开，源自后湖，自北而西，为浴沂桥，其北即昔府学，今武庙也。群峰环拱，幽隐深秀，水声傍宫墙，泠泠如奏琴筑，至今推为胜地。又西为土桥，南流达进香河矣。"

清代进香河一带宛若城市山林，独具幽趣。其时，许多文人雅士选择在进香河周边筑园而居。汪均之集园、饶在歧也园、曹恺堂春水园等散布在进香河畔，这里成为文人雅士聚居区。民国陈诒绂《金陵园墅志》卷上记载："集园，在大石桥北，桐城汪均之正鋆居金陵所筑者；也园，在大石桥，饶在歧世昌园；春水园，在莲花桥，曹恺堂园；琴隐园，在纱帽巷，汤贻汾所筑之园；红雪楼，在鸡鸣山麓，铅山蒋苕生编修士铨居金陵别墅。"清《同治上江两县志》卷4记载："上元诸生周易居此（笔者按：指莲花

清末进香河（日本杉江房造《金陵胜观》，1910年版）

032

桥），尝于桥畔夹种桃柳，春日花开，雕妍织秀，不减明圣湖，因自号六桥种花翁。"同书卷5记载："莲花第五桥，其北有春水园，曹恺堂别业也。汤贞愍诗'莲花桥北石桥东'是也。九代巷，有汪氏蔚园。"九代巷在进香河东，与石婆婆巷平行。《光绪续纂江宁府志》卷8《名迹》记载："蔚园有三层楼老虎刺；集园有保澄轩、集台、潮音庵，皆在（进香河）水东。"

进香活动仍在继续。至太平天国时期，关羽庙和其他的庙宇圮废，沦为蔬圃，唯有帝王庙幸存，改为供奉传说中的伏羲、神农、黄帝三皇，称作"三皇庙"。据民国陈诒绂《钟南淮北区域志》记载："癸丑之乱，诸庙荡尽，惟帝王庙独存，改祀伏羲、神农、黄帝，谓之'三皇庙'，医家祀之。"

清朝末年，南京城内修筑贯穿西北江边至东南中正街（今白下路）的市内铁路，既利于交通，又彰显新潮。这条铁路名叫宁省铁路（民国时称京市铁路），建于清光绪三十三年（1907），至宣统元年（1909）正式通车。该铁路自城内中正街（今白下路）起，至下关江口止，设中正街、总督署、无量庵

（今鼓楼东）、丁家桥、三牌楼、下关、江口七站。宁省铁路铺设的线路，正好经过进香河北端，从地面上截断了进香河北源来自玄武湖之水（但北端地下仍有涵洞连接北源之水）。自此，进香河从地表上来看仅与南面的杨吴城濠相通。

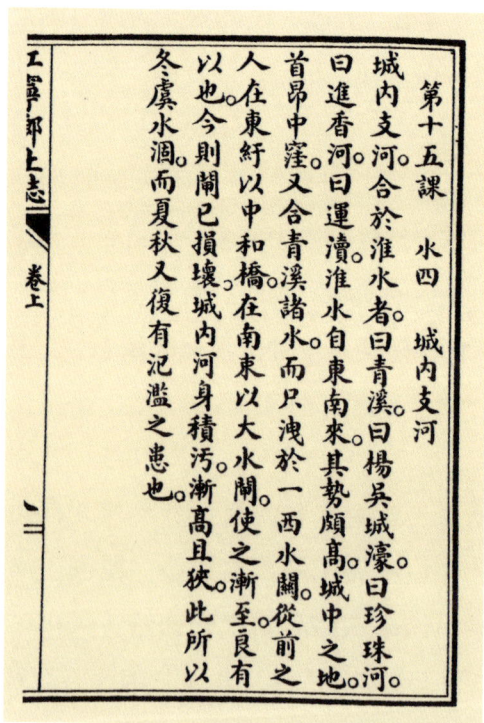

第十五课　水四　城内支河

城内支河合於淮水者曰青溪曰杨吴城濠曰珍珠河曰进香河曰运渎淮水自东南来其势颇高城中之地首昂中窪又合青溪诸水而只洩於一西水关从前之人在东紆以中和桥在南束以大水关使之渐至良有以也今则闸已损壞城内河身积污渐高且狭此所以冬虞水涸而夏秋又復有氾滥之患也。

民国初年，进香河进入乡土教材《江宁县乡土志》

民国时期，进香河甚至进入乡土教材之中，成为南京的一条名河。据1916年中华书局出版的由孙濬源、江庆沅编辑的《江宁县乡土志》卷上第十五课《水四·城内支河》记载："城内支河，合于淮水者，曰青溪，曰杨吴城濠，曰珍珠河，曰进香河，曰运渎。"

新中国成立后的进香河与进香河路

1949年新中国成立后，流淌六百余年的进香河依然在光天化日之下充满生气和活力。其北端以地下涵洞与北源之水相通，南端以地下涵洞与杨吴城濠相连。据朱偰《南京的名胜古迹》（江苏人民出版社1955年版）记载：

进香河为明初所开，导源自玄武湖，自武庙闸进城，经浴沂桥、土桥而西，绕至北极山下，穿过铁路（下有涵洞），折而南，达进香河。河上有五桥，由北顺序而南，为西仓桥、大石桥、红板桥、严家桥、莲花桥。河水最后入于杨吴城濠。

由于进香河年久失修，河道变窄，失去原有的交通运输功用，加上两岸居民缺乏环保意识，将生活废水随意倾入河中，导致河水臭气熏天，蚊蝇滋生，进香河变成一条污秽横流的河流。

20世纪60年代的进香河路（邓攀提供）

1958年，出于城市建设的需要，在拓宽保泰街、修建北京东路的同时，因进香河还在发挥着排水和防汛的功能，所以将进香河改建成路时，并没有直接填埋，而是在河道上面全部用水泥预制板覆盖，使之成为暗河；同时，在预制板上填土，种植各类灌木花卉，形成绿岛。两岸则辟建为宽敞的柏油马路，路边人行道旁依次种植高大的水杉树。该路因进香河而命名为"进香河路"。

对此，《南京市政建设志》第三章《城市排水与防汛》有如下记载：

进香河路下水道：自北极阁南麓，至莲花桥入内秦淮河北段。计长886米。盖沟尺寸分别为1500×2400毫米，长429米；1850×2800毫米，长457米。汇水面积约115公顷。该下水道除承接沿线街巷下水道来水外，还承接鼓楼广场北极阁一带及高楼门南段、安仁街来水。

至此，进香河从人们的视野里彻底消失，成为历史的记忆。但进香河的河水并没有停止流淌。六十多年来，进香河仍在地下悄悄地流动——自北极阁南麓，至莲花桥入秦淮河北支（杨吴城濠北段）。

"文革"期间，进香河路一度更名为革新路。"文革"结束后，恢复进香河路之名。

进香河路因水杉树高耸林立，21世纪初期，笔者建议玄武区有关部门将进香河路取名"水杉路"，同时建议将鸡鸣寺路取名"樱花路"、成贤街取名"槐树路"、中山路和中山东路取名"法国梧桐路"，得到相关部门认可，并写入李朝润主编、笔者参与组稿和撰稿的《玄武新志》（南京出版社2006年版）一书中。该书对进香河路有这样一段描述："水杉路是进香河路的雅称，它北起北京东路，南至珠江路莲花桥，全长934米，宽32米，双向分道，路中建绿岛。岛上按照'四季常青，三季有花'的标准，遍植观赏木本花卉。路旁人行道边广植水杉，是典型的'二板三带'路。1958年，在淤阻的河床上建10米宽的绿化岛，遂成潜河明路，并冠名：进香河路。1973年，路两旁植行道树水杉300余株，绿岛内栽女贞、柿树、玫瑰、夹竹桃等。进香河路北端两侧是东南大学校区，路中段东边是南京师范大学附属小学。水杉路，文化

进香河路（从北京东路向南拍摄）

进香河路（从珠江路向北拍摄）

气息与绿化氛围水乳交融，相得益彰；水泥楼群和水杉树林天然结合，相互映衬，堪称南京高品位的园林景观路。"

中篇

进香河路往事

自公元229年吴大帝孙权将都城由武昌（今湖北鄂州）迁至建业（今南京），随后开凿运渎（其北段为进香河）作为运输宫廷粮食和物品通道，约1800年来，进香河经历了沧海桑田的变迁，见证了南京城的建设、发展、高潮、停滞、再建设、再发展等一系列的变化，在进香河由河流转变为道路的过程中，围绕进香河和进香河路发生了一系列鲜为人知的故事。

六朝建康城

孙吴时期，建康城由宫城和都城两重城垣组成。东晋时期，建康城又增加一重外郭，成为宫城、都城和外郭三重城垣环绕的国城。其中都城是建康城的第二重城垣，"周二十里一十九步"。根据孙吴武昌城和魏晋洛阳城的形制推测，都城呈方形或长方形的可能性比较大。如果按照正方形计算的话，平均每边长约五里。自孙吴到南齐高帝萧道成即位之年，即建元元年（479），都城城墙基本上都是用竹篱围成，筑有六门，故史书上常以"六门"指代都城。从建元二年（480）开始，改筑夯土城墙，外包城砖。关于建康都城的位置，学术界见仁见智，产生了各种不同的见解。

东晋都建康图（明朝陈沂《金陵古今图考》）

　　日本学者中村圭尔先生认为：建康都城的北墙位于北京东路一线，北墙的东端在九华山南麓附近，西端在鸡笼山南麓附近；西墙从鸡笼山南麓附近，至进香河、洪武北路附近一线；东墙从小营路蜿蜒而过太平桥附近，至利济巷附近；南墙在镇淮桥以北五里，即火瓦巷、户部街和三十四标附近，正门宣阳门在火瓦巷和户部街的交点附近。他还认为，都城并不像人们想象的那样规整，而是很不规则的，特别是沿青溪

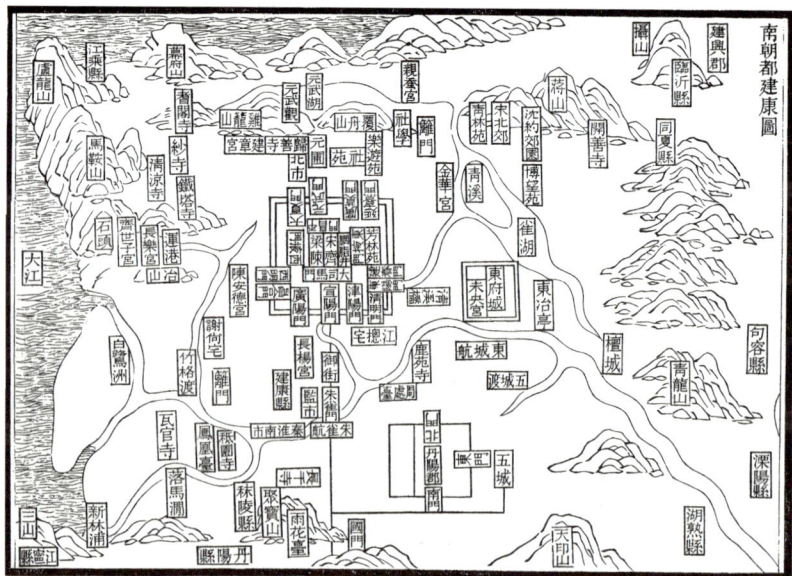

南朝都建康图（明朝陈沂《金陵古今图考》）

而建的东墙，由于青溪是九曲回肠，因而是曲折蜿蜒的（中村圭尔著，卢海鸣译《六朝古都建康都城位置新探》，《南京史志》1991年第6期）。

东南大学教授郭湖生先生认为："都城的北垣和宫城北垣相重合，均以潮沟为北堑。"在他绘制的《六朝建康形势图》中，都城的形状呈正方形，北以潮沟为界，远离鸡笼山和覆舟山；西以运渎为界；东面离青溪也有一定的距离；南面远离秦淮河（郭湖生《六朝建康》，《建筑师》第54期，中国建筑工业出版社1993年版）。

南京市地方志办公室研究人员马伯伦先生认为：建康都城北界在覆舟山、鸡笼山南，今北京东路更南一线；东起太平门内一带，西至进香河路。西界北起鸡笼山南麓偏西，约今进香河路及洪武路一线，偏向西南延伸，至中山南路淮海路口偏南，与都城南界会。东界北起今太平门内一带，近钟山西麓；沿青溪南下，呈东北—西南走向，至今太平路东侧文昌巷南附近。南界在今淮海路稍南一线，东起太平南路东侧红花地、大杨村附近，西至今中山南路附近。都城的形状为北宽南窄的倒梯形（马伯伦、刘晓梵《南京建置志》，海天出版社1994年版）。

以上三种观点均认为都城北界在鸡笼山、覆舟山以南的北京东路或更南一线，西界在今天的进香河（古运渎）、洪武路一线，东界约在今城东干道一线，南界在淮海路稍南一线。郭黎安、卢海鸣、张学锋、王志高等专家观点大同小异，由此可见运渎北段（今进香河路）与六朝都城之间的密切联系。

明朝国子监

国子监又称国子学、国学、太学，是明朝政权的最高学府。最初设在秦淮河边夫子庙，以元朝的集庆路学为之，名叫国学。洪武十五年（1382）改建

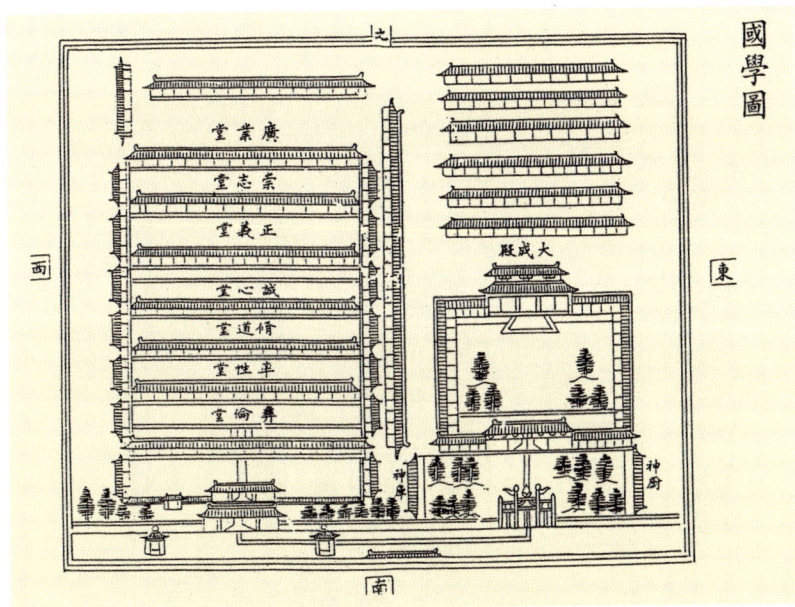

国学图（明朝礼部《洪武京城图志》）

于鸡鸣山东南、进香河东。落成后，改国子学为国子监，以旧国子学为应天府儒学。

国子监的位置，据明代黄佐《南雍志》卷7记载："在南京城内西北七里（东至小教场，西至英灵坊，北至城坡土山，南至珍珠桥）。左为龙舟之山（即覆舟山，以北临玄武湖，形似名），右为钦天之山（鸡鸣山改今名），两山相去二百余步。"用今天的话来说，国子监东至小校场（今东部战区空军司令部机关），西至英灵坊（今北京东路与进香河路交界处）

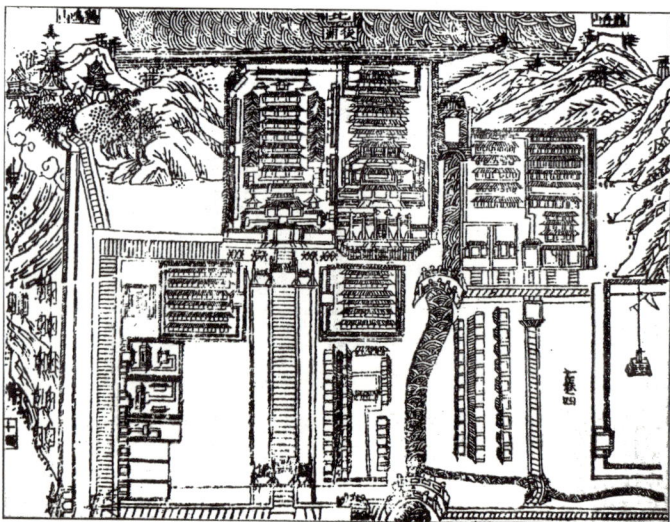

南雍总图（明朝黄佐《南雍志》）

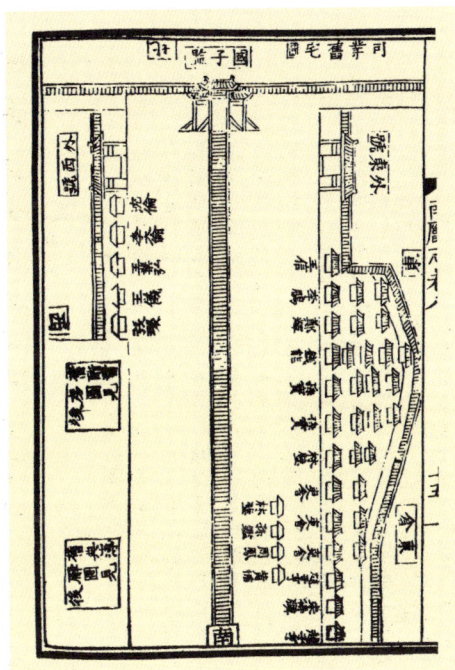

国子监成贤街两侧建筑分布图（明朝黄佐《南雍志》）

北抵明城墙，南至珍珠桥（今浮桥东北侧，珠江路与珍珠河交界处）。

国子监规模宏大，左庙右学，学舍极多。国子监的号房（即宿舍）在文庙后面，建自洪武十六年（1383），以"文行忠信规矩准绳纪纲法度知仁勇"区别之，有435间。此外，还有外东214间、外西242

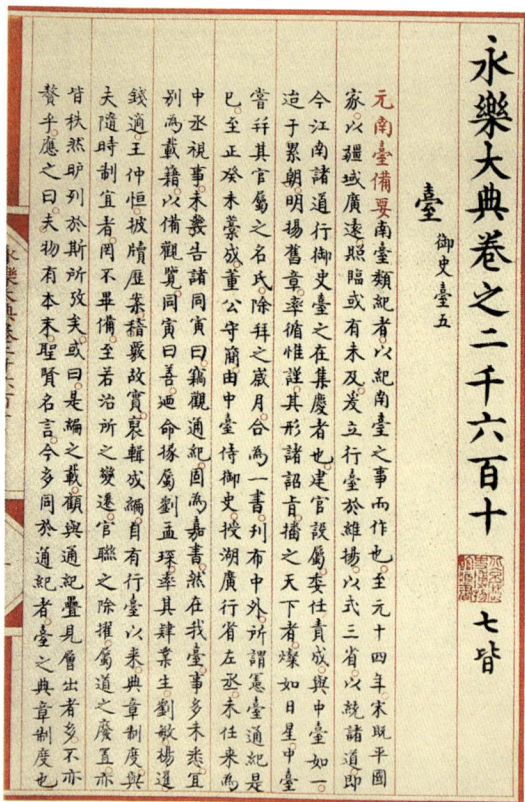

解缙等《永乐大典》书影（中国国家博物馆藏）

间、成贤街号房453间、平南号房170间、平北号房56间，总共监内外学生号房近1600间。又有广业堂、敬一亭、光哲堂、讲院、射圃、仓库、园池、祭酒司业宅等。自古以来庙学合一，孔庙附于学校，和国学、府学、县学联为一体。孔庙又称文庙、夫子庙，是祭祀先师孔子和传承儒学的场所。明代孔庙的布局由南向北，依次是棂星门、左神厨、右神库、戟门、大成殿。洪武十五年（1382）国子监和孔庙刚刚建成时，学生人数最少，仅有577人；永乐二十年（1422），学生人数最多，达9972人，其中还有来自日本、高丽、琉球、暹罗等地的留学生，通常有20人左右。明成祖即位后，于1403—1408年下旨编抄的《永乐大典》，就是由国子监学生利用文渊阁藏书编抄完成的。《永乐大典》是中国最大的一部类书，初名《文献集成》，共有3.7亿字，22937卷，11095册。《大英百科全书》称之为"世界有史以来最大的百科全书"。

今天的东南大学六朝松，以及四牌楼（国子监南门外的牌坊）、成贤街地名皆与国子监有关。进香河路是明朝国子监的西界。

太平天国女馆

　　1853年太平天国定都天京（今南京）后，天京城内除王府、官衙及驻军外，城内居民不分老幼，都被太平军按军制编入男营女营，称作"男馆""女馆"。二十余人为一馆，太平军派专人实行军事化管理。当时，进香河周边既驻有军队，也设有女馆。清朝涤浮道人《金陵杂记》写道："伪土营（笔者按：专司地雷）指挥，在北门桥、干河沿、半边街一带；女馆住处甚多，城北由莲花桥、洪武街一带，以至花牌楼、门楼桥等处。"

　　"男馆""女馆"政策对传统的家庭结构造成极大冲击，导致民怨沸腾。由于天京城内十万余女馆人员的粮食供应日益紧张，为安抚人心并缓解危机，东王杨秀清于咸丰四年（1854）冬宣布解散女馆，同时允许高级官员团聚成家。

太平天国听王府

太平天国王府是在太平天国农民政权封王建制的基础上，兴建的一系列高等级建筑。南京城内有天王府、东王府、西王府、英王府、赞王府、听王府等。其中听王府建在西仓桥西侧、石婆婆巷以东。如今，听王府与大多数太平天国王府一样，已经荡然无存。

听王府的主人名叫陈炳文（1836—1875），安徽巢县（今巢湖市）人。太平天国将领。1853年参加太平军，随李秀成攻金陵，破清军江北大营。1860年，陈炳文攻克广德，继克浙江嘉兴。次年，陈炳文率部攻克杭州，封忠孝朝将。1862年，陈炳文攻占金山，进军上海，连克松江、吴淞口等地，以战功晋封听王。1864年，清军攻占杭州，陈炳文弃城而走，旋即降清，随清军南下与太平军作战。战争结束后被裁军罢官。晚年寓居安徽芜湖青阳县。

听王府建于太平天国时期，前后七重，轩敞宏深，"前临小塘，后抵石婆巷（笔者按：即石婆婆巷），东至进香河，西有围墙，外皆空地"（《曾文正公奏稿》卷21《江宁省城建立湘军昭忠祠折》）。

昭忠祠

1864年太平天国运动被镇压后，清政府敕准曾国藩的请求，将太平天国听王陈炳文的王府辟为"湘军昭忠祠"，以抚慰战死的湘军官兵。据同治三年（1864）十月二十二日曾国藩《曾文正公奏稿》卷21《江宁省城建立湘军昭忠祠折》：

同治元年五月间，进攻江宁，驻军城下以来，凡我从征将士，屡次攻夺要隘，捍御剧寇，计先后阵亡伤亡近九千人，积劳病故万五六千人，皆系没于王事。今大功粗定，自应择地建祠，立主奉祀，以妥忠魂。据各营官会勘，得江宁城北莲花第五桥地方，有伪厅王府（笔者按：指听王府）一所，系贼中新造之屋，共七重。前临小塘，后抵石婆巷，东至进香河，西有围墙，外皆空地，堪以此屋改建江宁昭忠祠。

据《曾文正公年谱》卷9记载：同治三年"十一

月初一日，委员择地修建昭忠祠、靖毅公祠，设工程局，委员监督工役，次第修复学宫及群祀祠宇"。又据《曾文正公年谱》卷10记载：同治四年"正月，金陵昭忠祠成。初十日，公率僚属致祭"。《曾国藩全集·日记三》也记载："同治三年十一月初一日，又看鼓楼昭忠祠，即伪听王府，轩敞宏深，极为惬意，定于日内入主。"曾国藩于同治七年（1868）撰写《金陵湘军陆师昭忠祠记》，以表彰"烈士之光"。

此后，以湘军陆师昭忠祠为中心，在其东面建金陵军营官绅昭忠祠，在其西面建湘军水师昭忠祠，还专门建了一座金陵妇女贞烈祠，用来纪念在太平天国战争中死亡的清朝方面的人员。四祠并立，蔚为大观。

汪士铎等纂《光绪续纂江宁府志》卷4《祠祀》记载："楚军水师昭忠祠，与楚军陆师、金陵官绅、贞烈三祠，皆在莲花桥东北，同治六年总督曾文正公建。"清朝王之春《椒生随笔》卷7《金陵昭忠祠》也有详细记载，其文云：

江南遭兵最久，殉难官绅最多。江宁先有湘军昭忠词，在城北莲花第五桥，系克城之初，就伪王府略为修葺者。后就地并建三祠，中仍为湘军陆师昭忠祠，东为金陵军营官绅昭忠祠，西为湘军水师昭忠祠。而东祠约分六端：一曰咸丰三年金陵城陷，满汉文武殉节之员；二曰自癸丑至庚申八载，向荣、和春营中阵亡、伤亡及病故之员；三曰江宁七属历年殉难之绅及外籍而寓居金陵遇难之绅，本籍而阵亡于外省之绅；四曰生平久居金陵大营，其后尽节他处，如邓绍良、周天受、张玉良之类；五曰扬州、镇江两军，皆因图克金陵而设，两处阵亡、伤亡、病故之员；六曰金陵满汉妇女不屈而死者，别立贞烈祠祀之，此同治七年春江督曾公国藩所奏办也，并查事实书立神牌，详尽之规，足垂千古。

清朝宛平副举人龚熴《重修昭忠祠记》记载江南提督杨金龙于1901年重修昭忠祠时写道：

盖今日去建祠之日较远，规模渐弛，守斯祠者又稍不介意，或为樵夫、牧竖无知攫去，或为獾貉、鸟雀栖宿倾翻，或屋漏朽湿，或风雨摧残，可慨也，可慨也。光绪辛丑，杨公……训练兵士，以斯祠宽大宏敞，爰假借祠之西隅，设立练兵学堂。随登祀堂展拜，见夫木主委弃，倒侧欹斜，龛网蛛丝，案积野马，不获灌郁邑，献祝帛，心伤久之。于是历历为之，扶持端正，洒扫庭除，去其泥垢，洁以馨香，祠宇墙阶，增修补砌，肃肃翼翼，庙貌重新。旋令学生毋得干犯，又戒守者常宜谨严，而毅魄忠魂得以历久安享明禋，洵盛举也。祠之东隅，荒亭颓败，废阁凄凉，蔓草荒烟，久无人迹，尤复庀材鸠工，规复旧

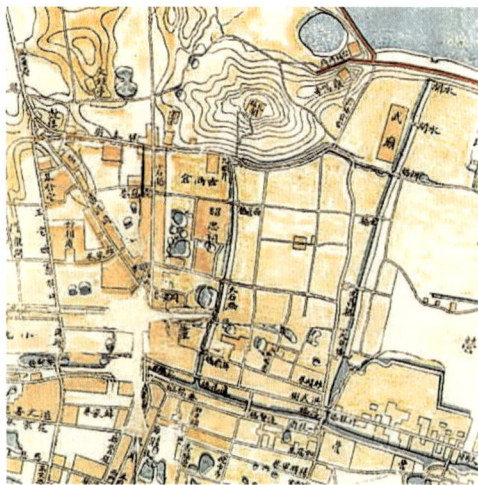

昭忠祠（1903年《陆师学堂新测金陵省城全图》局部）

昭忠祠（1910年《南京全图》局部，日本人绘制）

制，筑屋数椽，开池两面，杰亭屹立，杨柳数行，淮水钟山，天然图画，丹楹刻桷，顿改旧观，凡属祠裔，莫不鼓舞欢欣，致祭不辍。

　　杨金龙（1844—1906），字镜岩，湖南邵阳人，19岁入湘军左宗棠部，转战福建、陕西、甘肃、新疆、台湾等地，累功升至江南提督。昭忠祠修缮后，一度又用作练兵学堂，又称讲武堂。

　　1906年，三江师范学堂改名为两江优级师范学堂，李瑞清担任监督（校长）。在李瑞清的主持下，学堂发展为东南第一学府，培养出一批优秀人才。至1911年时，学校占地面积达200余亩，有校舍200余间，其附设小学堂曾借用进香河西边的昭忠祠为校舍。

　　1913年，在昭忠祠旧址上成立江苏省陆军测量局。

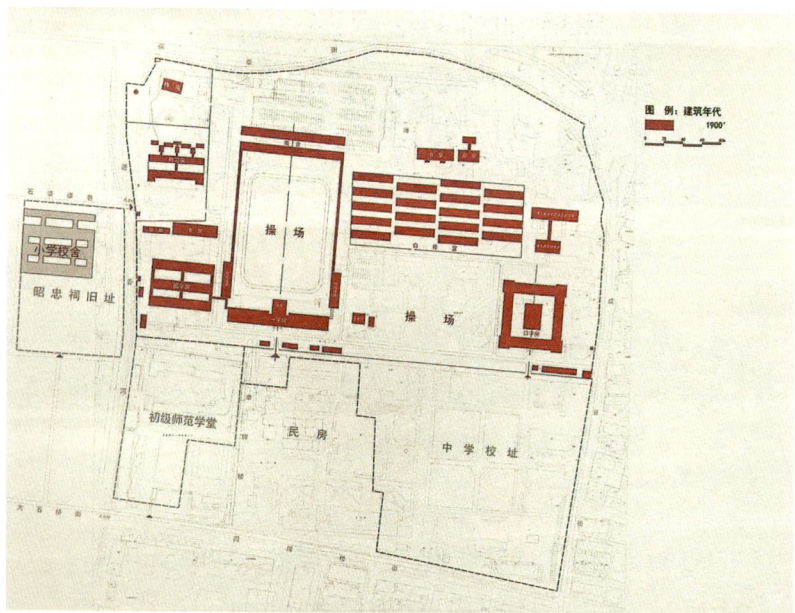

1904—1911年两江师范学堂时期教学区总平面，昭忠祠用作小学校舍（单踊《紫气东南——东南大学校园演变图史》，东南大学出版社2022年版）

来复女学

清朝末年，西方传教士纷纷来到南京传教、办学和行医。光绪二十八年（1902），英国基督教来复会

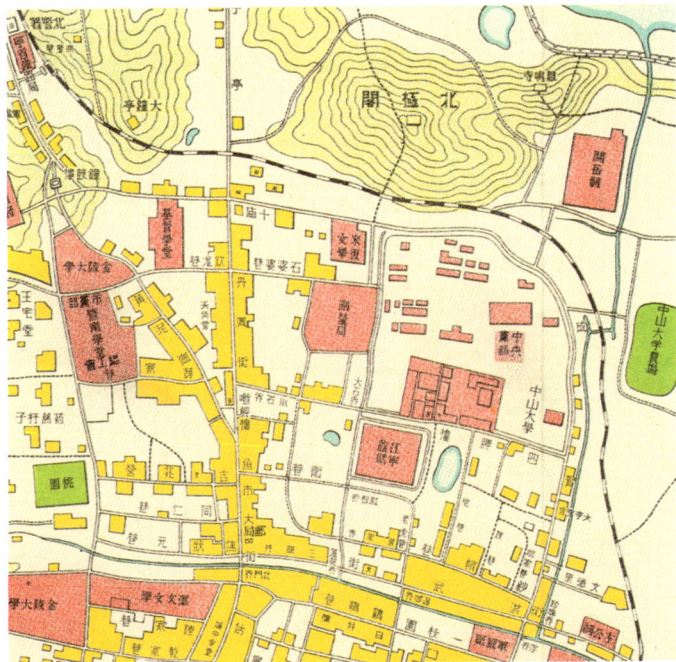

来复女学（1927年《最新南京全图》局部）

传教士穆向荣在大石桥东北购地建造教堂，命名"来复会堂"，这是南京城内较早的一座教堂。不久，来复堂在进香河西、今北京东路南侧，兴建基督女学，又名来复女学，专门招收女性学生。

三江师范学堂

南京玄武区四牌楼2号，六朝时期是皇家花园华林园所在地，明朝是国子监所在地，清朝时期是三江师范学堂、两江师范学堂所在地，民国时期是南京高等师范学校、国立东南大学、国立第四中山大学、江苏大学、国立中央大学所在地。

清朝末年，随着西学东渐，为开启民智、培养师资，1902年，署理两江总督张之洞于进香河以东、鸡笼山南麓创立三江师范学堂。据张之洞《江南省创建三江师范学堂折》："兹于江宁省城北极阁前，勘定地址，创建三江师范一所。"1904年，三江师范学堂正式招生入学，首任总办（校长）杨觐圭。它是清末实施教育新政后规模最大、设计最新的一所师范学堂，也是中国师范学堂之嚆矢。学堂模仿当时的日本教育体制，以"中学为体、西学为用"为办学方针，邀请熟悉教育情况的湖北师范学堂胡均模仿日本帝国大学（今东京大学）设计，建成后的"校舍俱系洋式，壮

三江师范学堂开学时，署理两江总督张之洞（左六）与李瑞清（左二）等人合影

丽宽广，不亚日本帝国大学"［朱斐主编《东南大学史（1902—1949）》，东南大学出版社1991年版］。

1906年，三江师范学堂改名为两江优级师范学堂。在监督（校长）李瑞清的主持下，发展为东南第

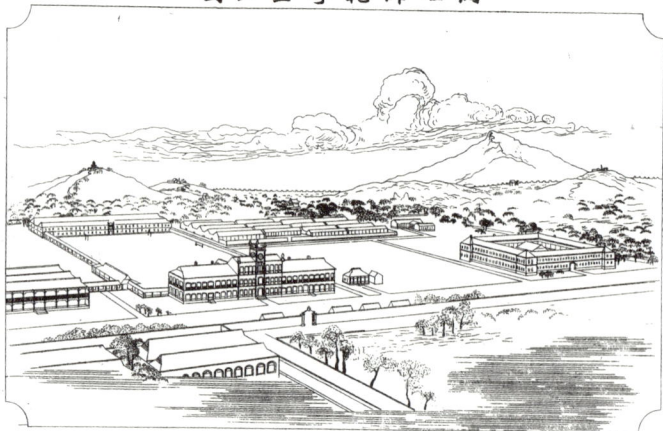

两江师范学堂全图（1909年绘制）

两江师范学堂监督李瑞清（《南洋劝业会研究会报告书》，上海中国图书发行公司1913年5月版）

两江师范学堂大门

两江师范学堂校舍背影（右下为进香河）

一学府，培养出一批优秀人才。1911年武昌起义后，两江优级师范学堂因战事停办。

1914年，在两江优级师范学堂旧址上筹建南京高等师范学校（简称南高），江谦任校长，1915年正式成立。

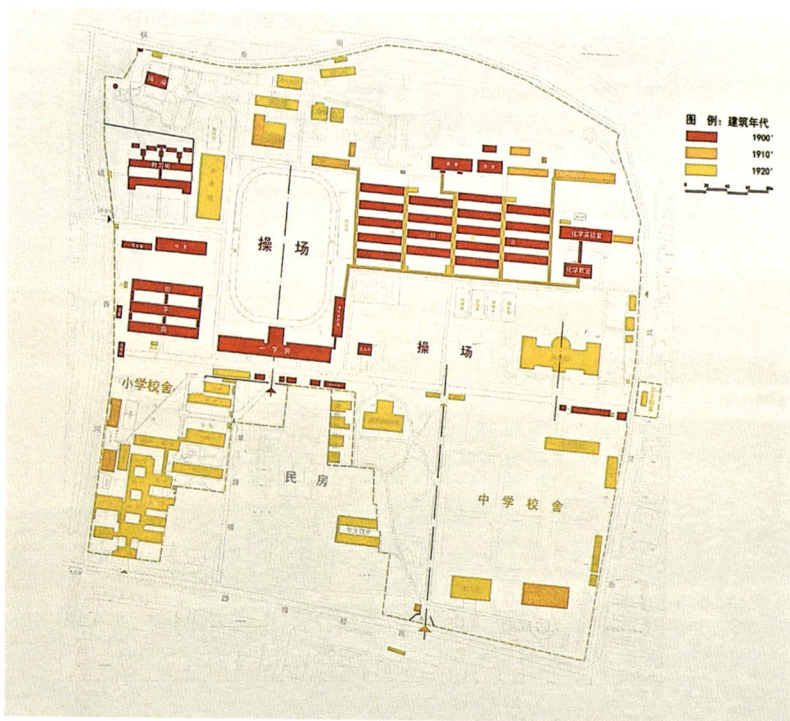

1915—1920年南京高等师范学堂时期教学区总平面（单踊《紫气东南——东南大学校园演变图史》）

南京高等师范学校行政办公楼

国立东南大学、南京高等师范学校大门

1920年，南京高等师范学校校长郭秉文在校务会议上首次提出建立大学的建议。经由张謇、蔡元培、王正廷、蒋梦麟、黄炎培、江谦、郭秉文等人联名向北洋政府教育部提议，在南京高等师范学校的工艺、体育、教育、农业、商业等专修科的基础上扩建成立国立东南大学。同年12月，经北洋政府国务会议通过。1921年，在南京高等师范学校基础上建立起国立东南大学，这是民国初年继北京大学之后，我国建立的第二所国立大学，校长郭秉文。国立东南大学成为一所拥有文、理、工、商、农、教育等学科的综合性大学，作为东南地区的最高学府，是全国规模较大、学科最全的一所综合性的新型大学。当时，公认"北大以文史哲著称，东大则以科学名世"，国立东南大学是"中国自然科学发展的基地"，与北大齐名。

梅庵

梅庵位于东南大学校园西北角，北临北京东路，西临进香河，南临六朝松，是为了纪念李瑞清而建，现为东南大学艺术学系教室。

李瑞清（1867—1920），字仲麟，号梅庵，别号清道人。江西临川人。我国晚清著名学者、教育家、书画家。清光绪二十年（1894）进士，曾任江宁提学使、两江师范学堂监督。任职期间，提倡科学、国学、艺术。辛亥革命前，曾代理江宁布政使等职。南京光复后，他遁居上海，以卖字画为生。1920年去世。他的弟子胡小石等人将其安葬于南京牛首山东麓雪梅岭（今江宁区东善桥林场），墓地植梅花300株，并在罗汉泉（又名感应泉）旁筑"玉梅花庵"。此后，历经战乱，此墓无存。1983年，南京大学侯镜昶先生重新发现此墓，从当地生产队长程吉福家中取回墓碑，南京市文管会对此墓进行了修缮。2002年南京大学百年校庆前夕，在南京市文物局指导和江宁区文化局支持下，南京大学负责投资和设计，江宁区文化局负责施工，将李瑞清墓整修一新。

　　梅庵始建于1914年，当时建有3间茅草覆盖的圆顶平房，暗红色的水泥墙壁，古朴而略嫌简陋。以李瑞

梅庵旧影（1935年）

梅庵

清之号命名为"梅庵"。门前挂有李瑞清手书的校训木匾，上书"嚼得菜根，做得大事"。

1932年，梅庵茅屋被拆除。1933年，改建为砖混结构平房一座，建筑面积203.66平方米，另有地下室一层。房屋为南北向，通面阔15.5米，进深8.8米。

六朝松

平面布局采用内廊式，有办公室1间，图书室1间，大教室1间，小教室（兼作练琴室）4间。整个建筑物既有西式风格，又有中式风采。在梅庵正面，有著名文史学家柳诒徵于1947年6月9日题写的"梅庵"二字匾额，宽约2米，高约0.65米；字体遒劲有力，洒脱俊逸。

值得一提的是，梅庵南面有一株古桧柏，高9.9米，树围2.67米，由于顶部曾经遭受过雷击，故其树冠下展，宛若伞盖。据说是六朝皇家花园——华林园遗物，故号"六朝松"。实际上，它是明朝国子监的遗物。至今虬枝青翠，古朴苍劲。

三江师范学堂附属小学

三江师范学堂附属小学，1902年由当时的署理两江总督张之洞创办。

1906年，三江师范学堂改名为两江优级师范学堂，李瑞清担任监督（校长）。其附设小学堂借用进香河畔昭忠祠为校舍。

1915年南京高等师范学校成立后，两江优级师范附属小学更名为南京高等师范附属小学校，校长周介藩，校址迁到今天的四牌楼4号。

南京高等师范附属小学校创始人周介藩（游建华提供）

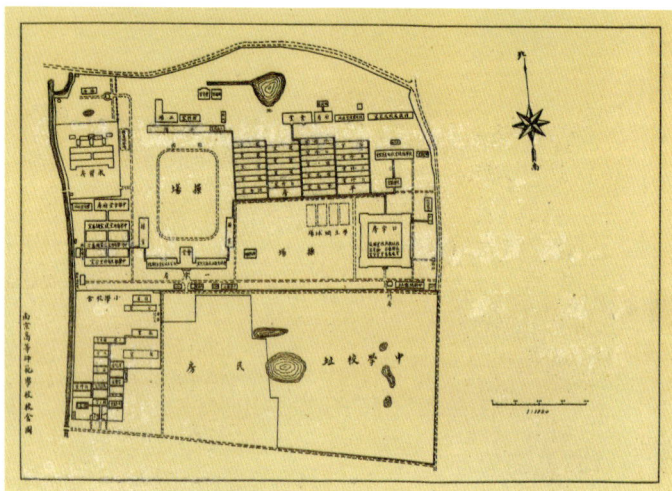

1918年南京高等师范学校校舍图（左下角为附属小学校舍）

1918年6月南京高等师范附属小学校全体摄影（游建华提供）

南京高等师范附属小学校校园

此后，该校又陆续更名为国立东南大学附属小学校、国立中央大学实验小学、国立中央大学实验学校。

1949年10月1日新中国成立后，更名为国立南京大学附属大石桥小学、南京大学附属大石桥小学、南京师范学院附属小学、南京市实验小学、南京大石桥小学、东南大学附属小学。该校一直具有依托著名大学办学、积极开展教育教学实验的传统，是对中国现代初等教育具有历史性意义的一所学校。1984年改用现

国立东南大学附属小学校全体摄影（1936年6月）

名——南京师范大学附属小学。

　　该校如今占地面积1.8万余平方米。其中近代建筑"杜威院""望钟楼"保留至今，见证了学校的百年变迁。

江宁监狱

　　江宁监狱位于今天的南京老虎桥32号，因地处进香河路东的老虎桥，又称老虎桥监狱。现已拆除，成为东部战区机关用房。

1911年的老虎桥监狱一角（邓攀提供）

光绪三十一年（1905），清政府拨银10万两，由江宁府在南京大石桥东购地65亩（约43333.3平方米），参照国内外监狱和习艺所的规模兴建"江宁罪犯习艺所"。光绪三十三年（1907）竣工，可容犯人500名，专门收容江宁府定罪的犯人。宣统元年（1909），改名为"江南模范监狱"，增收江苏、安徽、浙江的犯人。

1911年辛亥革命爆发后，监狱毁于兵灾。

1914年，北洋政府司法部派员对其进行重建，次年4月落成后，更名为"江苏江宁监狱"，隶属于江苏高等检察厅。1917年3月5日，北洋政府下令将该监狱改名为"江苏第一监狱"，隶属于江苏高等法院（李竹勋《江苏第一监狱报告》，1919年江苏第一监狱铅印本）。1927年4月国民政府在南京成立后，该监狱名称因袭未变。民间俗称模范监狱。

1937年12月日军占领南京后，该监狱成为"日本刑务所"和"中国战区日本官兵总联络部拘禁所"。抗战胜利前夕，又更名为"中国战区日本官兵善后联络部拘禁所"。

1945年8月抗战胜利后，国民政府司法行政部将该监狱更名为"首都监狱"。同年10月，首都监狱典狱长徐崇文到任，接收该监狱，并对该监狱进行了修缮。当时，首都监狱内建有东、西、南监及女监、病监，共有监房172间，可容犯人3000名。监狱周围以高约6米、厚约0.45米的围墙环绕，围墙上架有电网。监狱的东西南北四角各建有一座岗楼。狱中设有教诲室，让犯人悔过；设有图书室，购置"有益教化"的

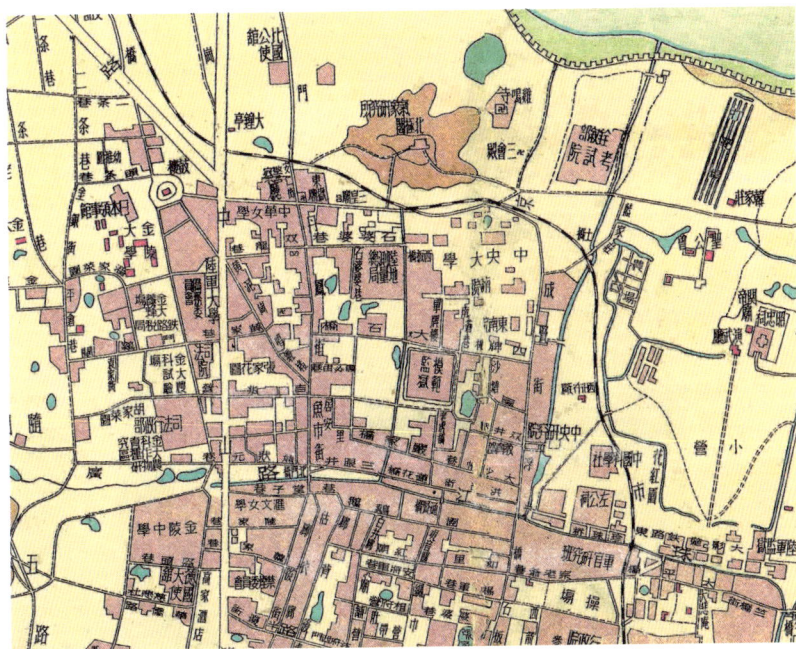

模范监狱（1935年《南京城市图》局部）

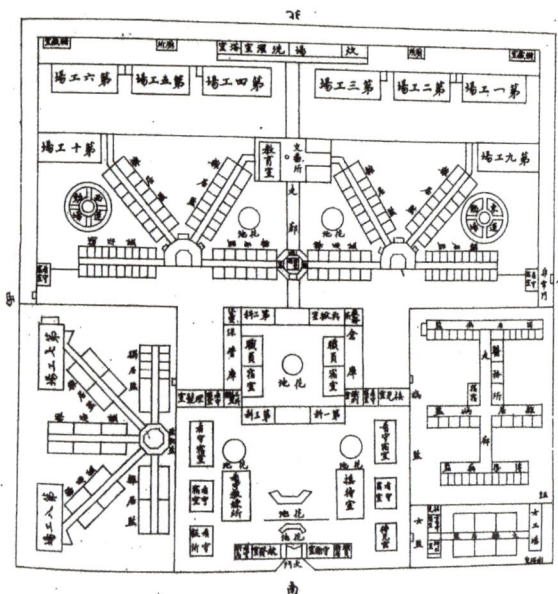

老虎桥监狱平面图（黄继东提供）

老虎桥监狱瞭望亭（黄继东提供）

老虎桥监狱西监（黄继东提供）

书籍，供犯人阅读；设有工场，供犯人劳动；设有提调室、暗牢、水牢，专门体罚犯人；设有刑场，用来处决犯人。另外，还设有医务所、接待室、办公室和炊事房等。

1949年3月28日，国民政府司法行政部南迁广州，首都监狱划归首都高等法院监督。

1949年4月23日，南京解放。不久，南京市军管会接管首都监狱，更名为南京市人民法院监狱。1955年，更名为江苏省第一监狱。

民国时期，该监狱除了关押刑事犯之外，更主要的是以关押政治犯著称于世。监狱中关押的政治犯大致可以分为三类：

一类是共产党人。如何葆珍（又名何宝珍，刘少奇的前妻）、宋涟、文绍珍、纪均、肖明、帅孟奇、夏之栩、耿建华等女政治犯都被关押在该监狱中。她们有的被押到雨花台杀害，有的被处以有期徒刑或无期徒刑。

一类是社会知名人士。如中共早期创始人陈独秀，1929年被开除出党后，1931年5月与彭述之等人组成"中国共产党左派反对派"，在上海设立中央机构，自任书记，并发行《火花》刊物等。1932年10月，他在上海被捕，先是被国民党关押在江宁地方法院看守所。1934年7月20日，国民政府最高法院以"陈独秀、彭述之共同以文字为叛国之宣传"的罪名，判处陈独秀有期徒刑8年，随即关押于江苏第一监狱执行徒刑。1937年8月13日淞沪抗战爆发，同年8月21日，国民政府司法院以陈独秀"入监已逾三载，爱国情殷，深自悔悟"为理由，呈文经国民政府批准，将陈独秀提前释放。陈独秀在狱中期间，致力写作，先后写成《实庵学说》《老子考略》《孔子与中国》《干支为字母说》等文章。此外，第三国际的牛兰、汪德利曾夫妇也曾被关押在江苏第一监狱之中，后经宋庆龄等人的大力营救，才获得释放。

　　还有一类是汪伪汉奸。抗战胜利后，汪伪汉奸相继受到审判，被判处有期徒刑或无期徒刑。据1948年首都监狱在监服刑汉奸人犯名册统计，当时在押的大大小小汉奸达164名，其中男性163名，女性1名。有汪伪行政院副院长周佛海，监察院院长、立法院院长梁鸿志，考试院院长江亢虎，外交部部长李圣五，华北政务委员会主任殷汝耕，中央党部组织部部长、浙江省省长梅思平，社会部部长、特务头子丁默邨，南京特别市市长周学昌，宣传部部长林柏生，以及周作人、王荫泰等人。其中，梅思平、丁默邨、殷汝耕、周学昌等人在首都监狱刑场被处以死刑。

中国科学社

1914—1915年，胡明复、赵元任、周仁、秉志、任鸿隽、杨杏佛、过探先、章元善、金邦正9人在美国发起成立中国科学社，以任鸿隽为首任社长，宗旨是"提倡科学，鼓吹实业，审定名词，传播知识"，同时创办《科学》杂志。1916年9月在南京建立支社。

1918年中国科学社南京高等师范学校事务所外观

随着社长任鸿隽和《科学》杂志编辑部部长杨杏佛回国，中国科学社本部也迁至国内，先后在南京高等师范学校和上海大同学院各借一屋作为办公场所。1918年10月，中国科学社总部迁到南京，南京高等师范学校校长、中国科学社社员郭秉文将一字房南面一间平房借与中国科学社筹建南京办事处。中国科学社在南京高等师范学校立足后，事业发展蒸蒸日上。1919年8月，中国科学社鉴于"事务日多，所假南高房屋不敷应用"，决定把事务所"迁移城北大仓园一号洋房内办公"。1920年，中国科学社又取得成贤街文德里一处官房作为社所，不仅办事处、《科学》杂志编辑

东南大学亚洲建筑档案中心（中国科学社南京高等师范学校事务所今貌，顾金亮提供）

部均落户其中，还据此陆续兴办了图书馆、生物研究所和博物馆。1928年4月，中国科学社呈请国民政府财政部批准，将南京成贤街社所及其大门外之官地永久拨归中国科学社使用。1928年冬添购南京社所附近空地十余亩，并于1931年3月建成生物研究所新楼，与早年取得的南北二楼鼎足而三。中国科学社在南京走向了事业的顶峰，直到1931年总部迁到上海新址为止。中国科学社在南京的12年，为中国近代科学事业的发展作出了巨大贡献。它在普及科学知识、创立科研机构、集成科研群体，以及推动近现代高等教育的发展等方面起到了积极作用（顾金亮《中国科学社迁回国内后营建的第一个"家"——中国科学社南高事务所考述》，《科学》2024年第3期）。

国立中央大学

1927年6月，国民政府颁布"大学区制"，效法国外经验，改革教育行政体制，将国立东南大学、河海工科大学、上海商科大学、江苏法政大学、江苏医科大学、南京工业专门学校、江苏省立第一农业学校、苏州工业专门学校、上海商业专门学校等江苏境内的专科以上9所公立学校合并，改组为国立第四中山大学（因南京为北伐军攻克的第四座历史文化名城，为纪念孙中山而命名为第四中山大学），主校址设在原国立东南大学。

1928年2月，国民政府决定将第四中山大学改名为江苏大学，因遭到学生反对，同年5月改名为国立中央大学。国立中央大学设文、理、法、教育、农、工、商、医8个学院（四牌楼本部设有文学院、理学院、法学院、工学院和教育学院；丁家桥分部设有医学院和农学院；上海设有商学院），40个系科，其规模之大、学科之全、师资力量之雄厚，居全国各大学

1928—1948年国立中央大学时期教学区总平面（单踊
《紫气东南——东南大学校园演变图史》）

之首。

　　1937年12月，日军占领南京。1943年，国立中央
大学被日军改作陆军医院，院长郭连城。学校大门口
悬挂上写有"ひゃうどうぶだい"的日文招牌。大礼
堂顶部被涂抹上巨大的白底红十字。教室内放满了日
式榻榻米病床。学校大门口有日军警卫站岗。昔日莘
莘学子荟萃之地，沦落为日本侵略军治病疗伤之所。

1937年12月之前的国立中央大学（1938年2月美国《国家地理》）

20世纪30年代的国立中央大学大礼堂

国立中央大学成为日本陆军医院
（山本信部队编辑摄影《圣战记念写真帐》，吴先斌提供）

　　1945年8月抗战胜利后，国立中央大学校舍基本没有遭到破坏，只是校舍内的办公、教学用具荡然无存。1946年11月，国立中央大学迁回南京四牌楼原校址复校，拥有7个学院、37个系、6个专修科、26个研究所，是当时国立大学系科设置最为完备的。1948年，在美国普林斯顿大学公布的世界大学排名中，国立中央大学已超过日本东京帝国大学（现东京大学），居亚洲第一。

　　1949年4月南京解放后，国立中央大学改名为国立南京大学。1952年院系调整时，更名为南京工学院。1988年，恢复东南大学旧名。1991年，"国立中央大学旧址建筑群"被国家建设部、国家文物局评为近代优秀建筑，1992年又被列为南京市文物保护单位。2006年，国立中央大学建筑群被列为全国重点文物保护单位。2016年，入选中国文物学会、中国建筑学会联合公布的"首批中国20世纪建筑遗产"名录。

陆地测量总局

　　陆地测量总局位于进香河西侧，大石桥以北，来复女学之南。这里原来是清代昭忠祠和讲武堂。1913年，北洋政府在这里成立江苏省陆军测量局，主要从事军事地图的测量、编绘、印刷和出版。1928年，该

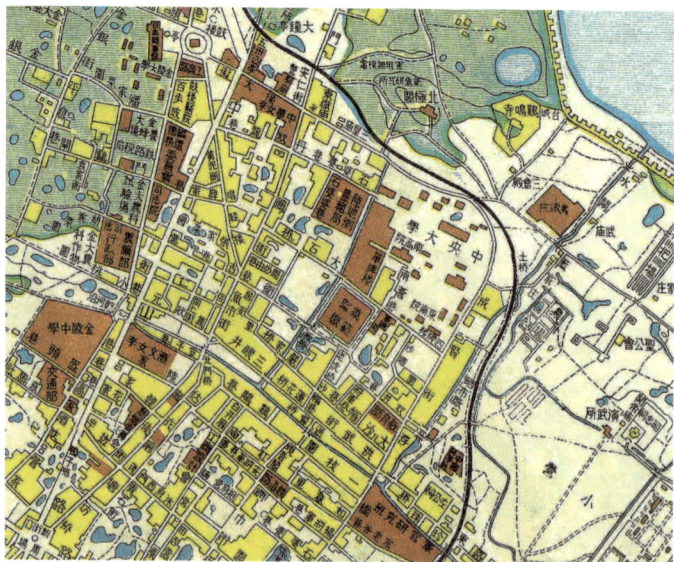

陆地测量总局（1932年《南京市区全图》局部）

局与国民政府军委会参谋厅第九科合并，更名国民政府参谋本部陆军测量总局（1930年改名参谋本部陆地测量总局）。1929年，黄慕松任测量总局局长。

黄慕松（1883—1937），广东梅县人。早年毕业于广东武备学堂，后被选送入日本陆军士官学校深造，回国后任黄埔陆军小学教官、监督（校长）。1910年再次赴日本炮工专科学校，学习测绘知识与技能。1912年，任南京临时政府参谋本部第四局局长，次年任北洋政府陆军测量总局（第六局）局长。1916年初，留学日本陆军大学。1920年，前往欧洲考察军事三年。回国后，历任中俄界务公署参议、粤军第三师师长等职。国民政府定都南京后，1929年在南京大石桥重建总局，黄慕松出任总局局长。

1931年，国民政府将清光绪二十八年（1902）在北京成立的京师陆军测绘学堂迁到南京，在陆地测量总局基址上创建中央陆地测量学校，开设地图绘制、制版、印刷班，培养地图编绘、印刷和出版方面的人才。

国民政府陆地测量总局在南京成立后，制定了全国十年测量计划，引进先进的航空摄影测量新技术，

进香河航拍（左边为陆地测量总局，右边为国立中央大学，摄于20世纪30年代）

推进全国测绘基准的建立，积极开展全国基础测绘。由于日军发动侵华战争，以及测量力量与庞大计划不相称等原因，第二个全国十年测量计划的实施受到干扰与冲击，未能如期完成。

1937年7月全面抗战爆发后，参谋本部改组为军事委员会军令部，陆地测量总局遂改属军令部管辖。军令部下设的陆地测量总局（又称第四厅），负责管理全国及各省测量局（敌占区省份测量局改称测量队）及中央陆地测量学校（分校）。全面抗战期间，陆地测量总局有效地组织了战时测绘保障。1946年，国民政府中央军事统帅机构全面改组，成立国防部，军令部陆地测量总局改制为国防部测量局，中央陆地测量学校改称国防部测量学校，直属国防部。由于国内战争爆发，国防部测量局未及开展全国性基础测绘。

陆地测量总局旧址自1950年10月起，成为中国人民解放军华东军区测绘学校校址。1952年10月，改名为南京地质学校。2000年，并入东南大学，现为东大交通学院。

国民政府农林部

国民政府农林部位于南京大石桥4号（原为大石桥1号之5），现为东南大学宿舍区。

国民政府农林部于1940年7月1日在重庆成立，其前身是经济部农林司，隶属于行政院，负责管辖全国农林渔牧和垦务行政事务。

农林部设部长1人，政务、常务次长各1人。历任农林部部长有陈济棠、沈鸿烈、盛世才、谷正纲、周诒春和左舜生。

农林部部长左舜生与农林部旧影

　　农林部主要内设机构有总务、农事、农村经济、林业、渔牧（1946年分为渔业、畜牧两司）、垦殖等司，参事、秘书、技术、会计等处，人事、统计等室，以及设计考核、农业复员、诉愿审理、粮食增产、农产促进、农业推广等委员会，并附设有农业、林业、渔业、畜牧、垦殖、农村经济等实验、示范、管制、推广机构，如中央农业实验所、中央林业实验所、中央畜牧实验所、中央水产实验所等。

农林部旧址大门

农林部旧址

1945年8月日本投降后，国民政府农林部迁到南京。农林部的办公地址选在大石桥1号之5。1946年10月，农林部内设机构改为农事、农村经济、林业、渔业、畜牧、垦殖和总务七司。1949年3月，行政院将农林部缩编为经济部农林署。

1949年4月23日南京解放后，经济部农林署结束其使命。

进香河上的桥梁

进香河路的前身是明朝时期开凿的进香河。明清以来，在不到1000米长的进香河上，架设了多座桥梁。根据史料记载，进香河从北到南，有5座桥梁（一说6座，一说7座），依次为西仓桥（因明朝高皇后马娘娘置仓于此，以赡养国子监生之家而得名，旁有西仓巷）、大石桥（又名石板桥、石桥）、红板桥、严家桥、莲花桥等。

明朝《南京都察院志》卷22《职掌十五》记载，进香河上有桥6座，"严家桥，在宠字铺；莲花桥，在省字铺；大石桥，在幸字铺；西仓桥，在林字铺；新建桥，在貌字铺；小板桥，在增字铺"。

清朝《重刊嘉庆江宁府志》卷7《山水》记载进香河上的桥梁有7座："今进香河由十庙九眼井出，经进香桥、石桥、西仓桥、红版桥、仙鹤桥、进贤桥，至莲花桥合于濠水。"同书卷7《山水》在叙述桥梁时，则指出进香河上有6座桥梁："莲花桥，在北门桥东；

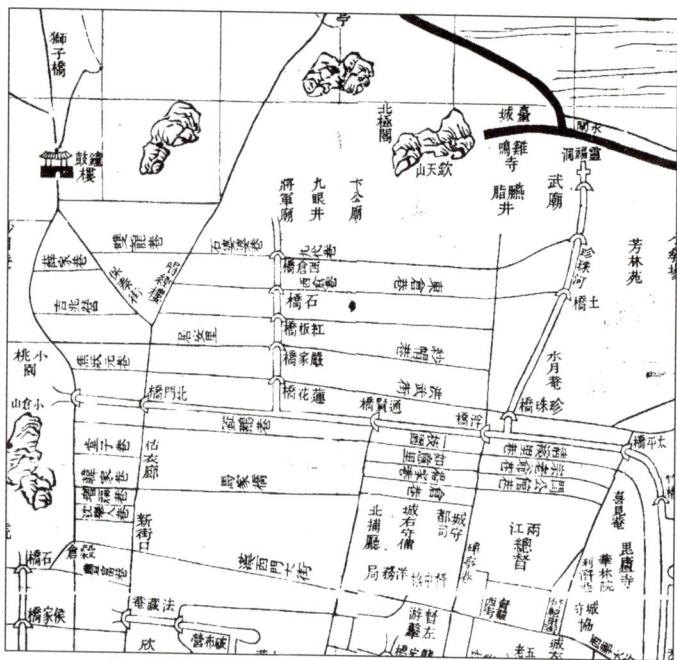

清末《金陵省城图》（局部）中的进香河上桥梁

严家桥，在莲花桥北；红版桥，在严家桥北；石桥，在红版桥北；西仓桥，在石桥北；进香桥，在西仓桥北。以上六桥皆跨进香河。"

《道光上元县志》卷3《疆域》记载进香河上的桥梁由南向北依次是以下6座："莲花桥，在北门桥东；严家桥，在莲花桥北；红板桥，在严家桥北；石桥，在红板桥北；西仓桥，在石桥北；进香桥，在西仓桥北，十庙围墙外。以上六桥跨明进香河。"

《光绪续纂江宁府志》卷8《名迹》记载进香河上有5座桥："潮沟，自武庙旁以铜管穴北城外元武湖水入河，南历英灵坊，纳山水（进香河），南迳西仓、北石、红板、严家、莲花第五桥而合青溪。"

《上元江宁乡土合志》卷3记载进香河上有5座桥："自北门桥东流，折而北至莲花桥，进香河之水入焉。进香河水源自后湖，穴城入，由十庙、九眼井，迳石桥、红板桥、仙鹤桥、通贤桥，至莲花桥合于淮水。"

民国时期进香河上的桥梁，远处为北极阁

民国《钟南淮北区域志》记载有6座桥："进香河水……源自后湖，铜管穴城而入。由北而西，为浴沂桥。……又西为土桥。稍南有桥，即以进香为名。再折而南，曰西仓桥，曰石板桥，曰红板桥，曰严家桥，曰莲花桥。自西仓桥至此，其数五，故又曰莲花第五桥矣。"

进香河上的桥梁代有修筑。史料上可以查到的最近的一次重修发生在清朝光绪辛丑年（1901），由江南提督杨金龙主持对大石桥的修建。清朝翰林院编修魏家骅撰写《重修大石桥碑记》。

时至今日，进香河上桥梁均已无存，唯有大石桥、严家桥、莲花桥桥名保留至今。

大石桥旧影

红板桥旧影　　　　　　　莲花桥旧影

桥梁名称	数量	资料来源
严家桥、莲花桥、大石桥、西仓桥、新建桥、小板桥	6	［明］徐必达领修，［明］施沛等协纂：《南京都察院志》卷22《职掌十五》
莲花桥、严家桥、红版桥、石桥、西仓桥、进香桥	6	［清］吕燕昭修，［清］姚鼐纂：《重刊嘉庆江宁府志》卷7《山水》
莲花桥、严家桥、红板桥、石桥、西仓桥、进香桥	6	［清］武念祖、陈道恒修，［清］陈栻、伍光瑜等纂：《道光上元县志》卷3《疆域》
进香桥、西仓桥、北石桥、红板桥、严家桥、莲花桥（莲花第五桥）	6	［清］莫祥芝、甘绍盘合纂：《同治上江两县志》卷5《城厢》
西仓桥、北石桥、红板桥、严家桥、莲花第五桥	5	［清］蒋启勋、赵佑宸修，［清］汪士铎等纂：《光绪续纂江宁府志》卷8《名迹》

（续表）

桥梁名称	数量	资料来源
石桥、红板桥、仙鹤桥、通贤桥、莲花桥	5	［清末民初］陈作霖：《上元江宁乡土合志》卷3
西仓桥、石桥、红板桥、严家桥、莲花桥	5	清末《金陵省城图》
进香桥、西仓桥、石板桥、红板桥、严家桥、莲花桥（莲花第五桥）	6	［民国］陈诒绂：《钟南淮北区域志》
西仓桥、大石桥、红板桥、严家桥、莲花桥	5	［民国］朱偰：《金陵古迹图考》第四章《金陵古水道图》，商务印书馆1936年8月版
西仓桥、大石桥、红板桥、严家桥、莲花桥	5	朱偰：《南京的名胜古迹》，江苏人民出版社1955年7月版

九眼井

明清时期，南京城内掘有众多水井，以方便市民日常生活用水。进香河东西两岸及周边，是南京城北人烟稠密的市民聚居地区之一。其时，莲花桥西侧辟有三眼井，西仓桥东侧建有九眼井，水源充沛，水质清洌，两岸及周边居民受益良多。

清朝《同治上江两县志》卷5《城厢·右东北第十甲》记载："莲花桥尾一条官河，河尽处有九眼井。"这里的"官河"指的就是进香河。

清朝甘熙《白下琐言》卷1记载："城中人烟辐辏，食井不可胜计。汉西门侧有四眼井，北门桥转东（莲花桥西侧）有三眼井，进香河尽处（西仓桥东）有九眼井。"

清代上元人张汝南《江南好辞·九眼井》咏道："江南好，十庙好游场。蒋庙桥边绕水味，舞云径畔好风凉，清景胜寻常。"注云："山右有蒋庙桥，桥下有九眼井，桥边茶肆取此水。山左有舞云径。此处

山寺藏红，溪杨摇绿，最堪游咏。"（卢前《南京文献》第4册）

关于九眼井的由来和开凿年代，清朝光绪年间州判傅庄立《重修九眼井记》写道："江宁府城北钦天山下有九眼井，斯井之获名，因其下有九泉焉。盖山之精液淅沥而涌出者也。其始早莫知昉于何世。或谓与胭脂、甘露同为南朝故迹。然其泉清若镜，味甘如醴，虽以扬子江之中泠泉、雨花台之永宁泉，不是过矣。"九眼井的井水之佳，与扬子江之中泠泉、雨花台之永宁泉、清凉山之六朝古井、鸡鸣山之胭脂井

1929年出版发行的民国画刊上的九眼井，所配文字为"南京城中九眼井，因邻钦天山，终年不涸，为首都最良之泉源"

齐名。

光绪二十六年（1900）江南提督杨金龙上任伊始，见九眼井湮没，重修九眼井，并给该井安上石井栏："夫自劫历红羊，沧桑巨变，瓦砾纷填，榛芜滋蔓。络绎秋啼，觅金兰之无迹；群蛙夏鼓，藉碧藓以潜踪。是欲循莲花桥畔，步藕丝街前，汲漱寒齿，不可得矣。庚子春三月，邵阳杨公作镇金陵……军务余暇，访求古迹。从邀笛之步，溯珍珠之泉，过蒋氏之祠，观六朝之松。见斯井之尘埋，恐名区之湮没，爰命鸠工，以修以浚，祛其渣滓，范以石栏，邃源修绠，一歃千金。"（傅庄立《重修九眼井记》，收入清朝陶炽昌《杨军门江南善政前后汇录》）

民国时期，南京城内有水井总计1600余个，绝大部分为浅井，最浅者不过一二十尺，较深者不过三四十尺。据张其昀《南京之地理环境》一文记载："井水之佳者，如雨花台之永宁泉，清凉山之六朝古井，鸡鸣山之胭脂井，与钦天山南麓之九眼井，水味均甚甘美。……九眼井即在中央大学梅庵墙外。王季梁先生曾称九眼井为全城第一井。"（中国科学社编《科学的南京》，东南大学出版社2014年版）

熊赐履寓居莲花桥

熊赐履（1635—1709），清初学者、教育家。字敬修，号青岳，晚号愚斋，湖广汉阳府孝感人。顺治十五年（1658），熊赐履中进士，选庶吉士，授翰林院检讨，历任国子监司业、弘文院侍读、秘书院侍读学士，翰林院掌院学士兼礼部侍郎，武英殿大学士兼刑部尚书、礼部尚书、东阁大学士。

康熙十五年（1676），时任武英殿大学士的熊赐履因事罢官革职，获准寄居南京，先后在莲花桥、

《经义斋集》书影　　　　《学统》书影

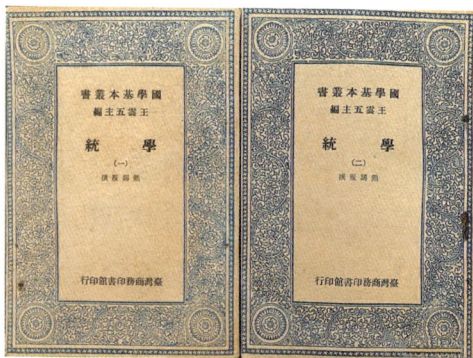

清凉台居住。康熙帝南巡时，熊赐履迎驾，因此得以重新被起用，被任命为礼部尚书。康熙四十五年（1706），熊赐履以年老为由请辞，乞归江宁（今南京），康熙帝命人护送回宁。从此，熊赐履便一直寓居南京直至终老。熊赐履流寓南京期间，广为搜集图书，拥书至10万卷。为防止藏书散佚以及便于翻阅，熊赐履对所藏书籍分门别类，编写目录，专建5间房屋为藏书之用，名曰"下学堂"。

熊赐履著有《经义斋集》《学统》《学规》《下学堂札记》《朴园迩语》《闲道录》等。

吴梅寓居大石桥

吴梅（1884—1939），近现代戏曲理论家和作家，是与王国维齐名的曲学大师。字瞿安，号霜厓，江苏长洲（今苏州）人。制曲、谱曲、度曲、校订曲本、审定曲律皆极为精通。吴梅弟子很多，如任中敏、卢前、王季思、唐圭璋、常任侠、徐震堮、陆维钊等。

吴梅

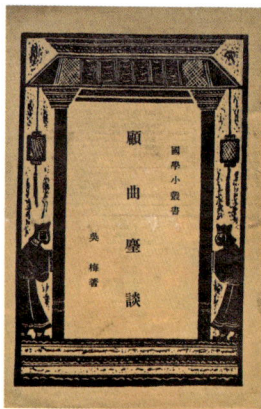

《顾曲麈谈》书影

1922年秋至1937年秋，吴梅先后在国立东南大学、国立中央大学和金陵大学任教和兼课，培养了一批戏曲研究家和教育家。他在南京期间，居住在大石桥。1939年2月他在云南去世后，唐圭璋作《虞美人》词："乱山迷雾姚州路，不道臞仙去。两年避寇走天涯。白发飘萧、日日望京华。豪情曾击琼壶碎，几度青溪醉。水磨白苧寂无闻。莺老花残、空忆石桥春。"表达了他对在大石桥吴梅先生寓所获得教益的怀念之情。（邓乔彬著《吴梅研究》，华东师范大学出版社1990年版）

　　吴梅的主要著作有《顾曲麈谈》《中国戏曲概论》《曲学通论》《霜厓曲跋》《南北词简谱》等。

黄侃寓居大石桥

　　黄侃（1886—1935），近现代语言文字学家、音韵训诂学家、国学大师。字季刚，晚年自号量守居士，湖北蕲春人。他是章太炎大弟子，曾在北京大学、武昌高等师范学校、北京师范大学、东北大学等任教。直到1928年春才南下金陵，受聘于国立中央大

黄侃（左）

学，安顿下来。

在国立中央大学任教期间，黄侃曾经居住在大石桥17号。大石桥17号现为一大杂院，院子内的东侧为东南大学建筑设计院，西侧有数栋居民楼，黄侃先生当年就居住在这里（雷雨《大石桥》，《金陵晚报》2017年11月24日）。1934年5月，黄侃搬进位于南京太平门内的九华村9号新居，将新居三楼的书斋命名"量守庐"，藏书3万余册，自号"量守居士"。可惜的是，他在那里生活了一年有余就去世了。

黄侃著有《声韵通例》《尔雅音训》《广韵校录》《集韵声类表》《日知录校记》《文心雕龙札记》《黄侃国学文集》《黄季刚诗文集》《黄侃日记》等。

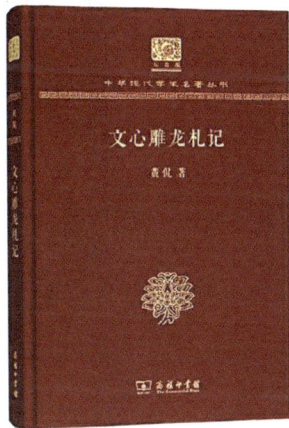

《文心雕龙札记》书影

王世杰旧居

王世杰（1891—1981），法学家。字雪艇，湖北崇阳人。国立武汉大学首任校长，历任国民政府法制局局长、教育部部长、宣传部部长、外交部部长。1947年入选首批国立中央研究院院士。

王世杰

王世杰旧居位于进香河西侧的卫巷15号。这里有西式两层洋楼一幢，砖混结构，二楼朝南有露天阳台，另有平房两幢。2006年6月被列为南京市文物保护单位。

下篇

进香河路未来

　　基于进香河路的自然景观、历史文化、建筑风貌等方面的情况，笔者期待在未来的日子里，进香河路能够返璞归真，回归本源。据此，笔者提出如下设想与建议。

"亮化"进香河——留住乡愁

　　2015年新年伊始，习近平总书记在云南考察调研时指出："必须留住青山绿水，必须记住乡愁。什么是乡愁？乡愁就是你离开后还很想念。要像保护眼睛一样保护生态，要像对待生命一样对待环境。"

　　进香河及其前身运渎北段曾是南京市区的一条重要河流。它在南京的城市发展中烙下了深深的印记，它是一条自然的河、历史的河、经济的河和文化的河，是南京人记住乡愁的一个重要切入点。

进香河旧影

　　早在六朝时期，进香河的前身运渎北段，已与珍珠河、秦淮河、玄武湖形成一个相互贯通的水网。明初进香河开凿后，更与杨吴城濠（今秦淮河北支）、珍珠河连成一体，发挥着航运和排涝泄洪的功用。自从1958年进香河变为暗沟，改造成进香河路以来，造成了每逢暴雨，进香河路及周边街道变成水乡泽国的局面。

　　笔者从相关材料中发现，当年将进香河改为暗沟而没有填埋的主要原因，是它失去了交通运输功用，河水污浊，臭气熏天，蚊蝇滋生，但还在发挥着排水

1975年进香河一带在一场大雨中成为泽国

1983年荷兰留学生拍摄的进香河路（胡汉林提供）

和防汛的功能。现在看来，这种做法在当时的背景下不失为一个良策，客观上也为我们今天恢复进香河的历史原貌、"亮化"进香河提供了条件。

随着时代的发展，保护自然环境、建设美好家园成为人类的共识。从建设海绵城市的角度出发，国内外都有恢复填埋河道的成功案例。如北京玉河作为一条城市内河，自明代以降，河道被逐渐侵占，至1956年全部改为暗渠。十几年前，出于恢复城市景观和排涝的需要，又重新得到恢复。韩国首尔的清溪川在20世纪50年代因工业化和城镇化变得又脏又臭，被政府改为暗沟筑路。近二十年来，政府又决定把河道重新挖开，不仅成为首尔著名的景观河，还承担了城市排水任务。进香河在地下默默无声地流淌了六十多年，该是重见天日——"亮化"的时候了！

"亮化"进香河，就是让进香河成为一条看得见、摸得着、听得到、闻得到的河，成为一条川流不息、充满青春活力的河，成为一条留住乡愁、和谐共生的河。这不仅是尊重自然、敬畏历史的需要，也是恢复城市肌理、提升城市品质的必然选择，更是创建美好家园、建设水城交融的美好南京的迫切需求。

"绿化"进香河——优化生态

习近平总书记指出，建设生态文明，关系人民福祉，关乎民族未来。生态环境保护是功在当代、利在千秋的事业，事关"两个一百年"奋斗目标和中华民族伟大复兴中国梦的实现。生态文明建设其实就是把可持续发展提升到绿色发展高度，为后人"乘凉"而"种树"，就是不给后人留下遗憾而是留下更多的生态资产。

进香河路是典型的"二板三带"路——两条行车道，中间绿岛和两旁绿化带。经过多年的经营，进香河路的行道树形成了一定的特色。

在实地调查过程中，笔者发现，1973年在道路两旁种植的300余株水杉，如今已经蔚然成林，成为今天的进香河路的重要标志，所以进香河路又有"水杉路"之称。不过，这条水杉路断断续续。今天的进香河路，东侧自珠江路至老虎桥段，路旁种植一排水杉（在进香河路菜场门前中断）；自老虎桥至北京东路

进香河路行道树——水杉

段，路旁种植两排水杉（在进香河路22号军事禁区门前中断），其中四牌楼以北夹杂梧桐树。西侧自珠江路至北京东路的两排水杉树也是时断时续，且夹杂种植着槐树、法国梧桐等。

　　据此，笔者建议，在恢复进香河的过程中，对于两边人行道上的水杉要进行重点保护，对于没有水杉的路段采取"镶牙式"的方法进行补种，对于夹杂

进香河路沿线植被

种植的槐树、法国梧桐，不妨采取移植他处的方法，使进香河的两旁形成单一而又完整的水杉带。至于道路中间绿岛的植物（目前自珠江路至石婆婆巷段，皆种植红叶槭树、海桐等景观植物；自石婆婆巷段至北京东路段，除了常见的景观植物外，还有雪松和椿树），在河道恢复后可以移植他处。

进香河一旦重见天日，将与两岸的水杉带相映生辉、相映成趣，水乳交融、融为一体，不仅有助于优化生态、改善环境，也必将成为古都南京的新地标。

"美化"进香河——铸就特色

在实地调研过程中，笔者通过观察、走访道路两侧的建筑和单位，得出了对进香河路现状的总体评价，可以用"功能错位，特色不明，建筑风格不一，街面陈旧脏乱"20个字概括。

进香河路长度虽然不足1000米，但是其两侧分布着许多不同功能的建筑和单位，包括居民区、机关单位、军事禁区、学校、商店等，导致区域功能不够统一。道路两旁店铺经营类型繁多，有生存型消费商业，有发展型消费商业，有享受型消费商业，尚未能形成具有相对统一特色的经营业态。从建筑外立面来讲，道路两侧既有现代风格建筑，也有近代风格建筑，还有青砖小瓦传统仿古风格建筑，特色定位亦不统一。

进香河恢复旧观后，周边的建筑也需要相应的推陈出新。无论是功能定位，还是建筑风格、色彩、高度、外立面的装潢设计，以及进驻商家的经营业态，都要进行统一规划和管理。

进香河路建筑之一

　　根据记载，进香河北端鸡笼山的"十庙"，进香河两侧的昭忠祠、三江师范学堂、国立中央大学、来复女学、梅庵、陆地测量总局、国民政府农林部、老虎桥监狱等旧址，构成了进香河独特的历史文化内涵。今天，进香河的推陈出新必须以此为根基，塑造出精气神兼备的进香河文化。

进香河路沿线建筑

"活化"进香河——做出颜值

进香河重见天日后，除了两岸绿化带、文化景观、建筑物的提档升级外，笔者建议适度恢复进香河上和周边原有的景观。

第一，适当恢复进香河上的桥梁。

根据史料记载，进香河从北到南，河上有5座桥梁（一说6座，一说7座），依次为西仓桥、大石桥（又名石板桥）、红板桥、严家桥、莲花桥等。

进香河上的桥梁代有修筑。清朝翰林院编修魏家骅记载最近的一次重修为光绪辛丑年（1901）江南提督杨金龙主持对大石桥的修建。这次重修的大石桥，选用了优质的石材，并加固基础，兴建马路，马路左右种植了杨柳，景观为之一变。

在此，需要说明的是，莲花桥处在珠江路上，故可以暂不予考虑，建议恢复西仓桥、大石桥、红板桥、严家桥中的一些桥梁，可以采用不同的材质，比如说，大石桥用石头，其他的桥梁用木头或钢筋混凝土等。

《同治上江两县志》卷27上
《二县城内图》中的进香河桥梁

第二，在相关的地点竖立标志牌。

如在进香河两岸的来复女学、昭忠祠、陆地测量总局、三江师范学堂附属小学、国民政府农林部、老虎桥监狱旧址，以及九眼井等地竖立相应的标志牌，增加进香河沿线的历史文化含量，烘托进香河的历史文化氛围。

历史文化景观的复原、标志牌的设立，将使进香

进香河路中间绿岛之下为进香河故道

河成为一条充满场所精神的河，让人流连忘返的河。

综上所述，进香河是南京历史上重要的地标之一。在历史上，它不仅是南京一条重要的水上交通要道，也是一条富有历史文化底蕴的河流；是历史文化名城南京有形的遗产、无形的财富，值得我们倍加呵护和珍惜。

对于进香河，我们可以用以下八句话来概括：

进香河是一条千年流淌的河；

进香河是一条城市山林的河；

进香河是一条舟船不绝的河；

进香河是一条市井百态的河；

进香河是一条多元共生的河；

进香河是一条沧海桑田的河；

进香河还是一条留住乡愁的河；

进香河更是一条承载着梦想和希望的河。

主要参考资料

1.〔唐〕许嵩著：《建康实录》，中华书局1986年版

2.〔宋〕张敦颐撰，〔宋〕李焘撰：《六朝事迹编类·六朝通鉴博议》，南京出版社2007年版

3.〔宋〕马光祖修，周应合纂：《景定建康志》，南京出版社2009年版

4.〔元〕张铉纂：《至正金陵新志》，南京出版社1991年版

5.〔明〕礼部纂修，〔明〕陈沂撰：《洪武京城图志·金陵古今图考》，南京出版社2006年版

6.〔清〕莫祥芝、甘绍盘合纂：《同治上江两县志》，南京出版社2013年版

7.〔清〕甘熙撰：《白下琐言》，南京出版社2017年版

8.〔民国〕柳诒徵修，王焕镳纂：《首都志》，正中书局1935年版

9.［民国］朱偰著：《金陵古迹图考》，商务印书馆1936年版

10.蒋赞初著：《南京史话》，江苏人民出版社1980年版

11.南京市地方志编纂委员会办公室编：《南京市政建设志》，海天出版社1994年版

12.马伯伦主编：《南京建置志》，海天出版社1994年版

13.卢海鸣著：《六朝都城》，南京出版社2002年版

14.胡阿祥、李天石、卢海鸣编著：《南京通史·六朝卷》，南京出版社2009年版

15.朱炳贵编著：《老地图·南京旧影》，南京出版社2014年版

16.卢海鸣、朱明娥、徐智、邓攀、濮小南：《关于进香河历史文化的研究报告》，2017年南京市思想文化重大调研课题

17.卢海鸣著：《南京历代运河》，南京出版社2019年版

18.卢海鸣、徐智编著：《南京的水》，南京出版

社2023年版

　　19.卢海鸣著：《南京近代建筑》，南京出版社2024年版